LOS NIÑOS DEL AMAZONAS

DANIEL CORONELL

LOS NIÑOS DEL AMAZONAS

40 DÍAS PERDIDOS EN LA SELVA

AGUILAR

Título: *Los niños del Amazonas*
Primera edición en Aguilar: octubre, 2023
Tercera reimpresión: abril, 2024

© 2023 Daniel Coronell
c/o Indent Literary Agency
www.indentagency.com
© 2023, de la presente edición en castellano para todo el mundo:
Penguin Random House Grupo Editorial, S. A. S.
Cra. 7 N.º 75 – 51, piso 7, Bogotá – Colombia
PBX: (57-601) 743-0700

Diseño de cubierta: Penguin Random House Grupo Editorial /
Patricia Martínez Linares

Imágenes en la cubierta:
Getty Images
Ojos: © mofles
Vía láctea: © zorazhuang
Atardecer: © Westend61
Avioneta: © Sirbouman
Horizonte de la selva: © Andriy Onufriyenko
Interior de la selva: © Ippei Naoi
Río: © Lola L. Falantes
Lancha: © Bernardo Pereira
Civiles: © PeskyMonkey
Soldados: © Joe Raedle
Ilustración de inicios de capítulo y página 221: © Freepik

Impreso en Colombia-*Printed in Colombia*

ISBN: 978-628-7539-57-0

Compuesto en caracteres Rift y Solitas Serif

Impreso por Editorial Nomos, S.A.

El presente libro, un riguroso ejercicio investigativo, cuenta la historia de los niños indígenas que sobrevivieron 40 días en el Amazonas tras un accidente aéreo, uno de los hechos noticiosos que conmocionaron al mundo entero a mediados del año 2023. En la edición que el lector tiene en sus manos se han cambiado los nombres de sus protagonistas y se han modificado algunos pasajes de los capítulos "Dulce Escondite" y "Alzando el vuelo". Lo anterior, en cumplimiento de lo ordenado en la Sentencia de Tutela proferida por el Juzgado Sexto de Ejecución de Penas y Medidas de Seguridad de Bogotá D. C.

A María Cristina Uribe

CONTENIDO

1

DULCE ESCONDITE

A veces el miedo llegaba de noche, envuelto en gritos, grose-rías y hedores de cuyo origen tenemos prohibido hablar. Loly, de trece años, ya se había familiarizado con la situación. Cuando sentía esa voz alterada alistaba a sus hermanitos para el escape. Cada segundo contaba. Sonia, de nueve años, sabía que debía despertar a Toto, de cuatro, el único niño del gru-po, mientras Loly apretaba contra su pecho a la bebé Anto-nia. Luego las tres y el niño, con sigilo, se descolgaban desde su casa, que es una especie de palafito elevado dos metros sobre la tierra firme y en medio de la selva amazónica.

Como muchas viviendas del resguardo, la de ellos tiene una sola habitación construida con tablas verticales y cu-bierta con un techo de hojas de palma amarradas con beju-cos. La casa típica tiene nueve metros cuadrados y un fogón. Allí vivían los niños y pasaron muchos momentos duros y algunos felices con su mamá, Magali Muyui, que mientras preparaba el casabe —la gigantesca tortilla de yuca brava— les enseñaba secretos de la selva y les cantaba, en la lengua de sus mayores, la canción que ella había aprendido cuando niña y que dice que nada malo dura para siempre, que aun en los momentos más oscuros el sol sale y la madre viene a consolar:

Jitoma, Jitoma, biiyii
Buinaima, Buinaima, biiyi
Anana eiño Buinaiño ari
Biya yezika kaifona Jitoma biiyii

Otras veces los reprendía con rudeza, como si los quisiera poco.

Los tres niños más grandes tienen personalidades diferentes. Loly Jamoy Muyui es introvertida —como su mamá— pero muy observadora, no deja escapar detalle. Dicen en el resguardo que nunca necesitó que le explicaran algo por segunda vez. Su hermana Sonia Jamoy Muyui es conversadora y alegre, la recuerdan por su sonrisa y por la agilidad para saltar, bailar y trepar a los árboles. Toto Revoque Muyui es un niño cariñoso y dulce, apegado a su mamá y muy querendón de la bebé Antonia, su hermana de padre y madre, de quien nunca tuvo celos.

El resguardo de Puerto Sábalo-Los Monos es un caserío de 20 familias donde todos se conocen y muchos están emparentados. Se hablan por igual la lengua ancestral de los huitotos murui y el castellano. La comunidad indígena tradicionalmente ha vivido de la agricultura de la yuca, el ají, la piña y el plátano; de la pesca que se hace con arpón, con cestas o con la mano y de la recolección de frutos silvestres.

Los huitotos se definen a sí mismos como la gente del mambe y el ambil. Dos costumbres que están enraizadas en su cosmogonía basada en la lucha perpetua entre la medicina y la enfermedad. Mambear significa masticar un polvo hecho con hojas de coca y yarumo que, según ellos, los mantiene sanos física y espiritualmente. El ambil es otra sustancia sagrada que se logra después de la cocción de hojas de tabaco y sales naturales. Es laxante e inhalante, capaz de sanar las vías digestivas y las respiratorias y de determinar si alguien que ha cometido un delito merece seguir viviendo.

Meses atrás, Arsenio Revoque, a quien conocían con el sobrenombre de Carretán, había sido escogido como gobernador, es decir, como máxima autoridad civil del pequeño resguardo. En esa condición viajó a Bogotá a principios de abril de 2023. Se llevó 6.000.000 de pesos colombianos, unos 1.500 dólares, que pertenecían a la comunidad y que debían usarse para gestiones en la capital de Colombia. En Puerto Sábalo aseguran que volvió sin resultados, sin un centavo y con la historia de que unos ladrones lo habían asaltado en la ciudad. Lo que más les sorprendió fue que trajera una mujer a pesar de que tenía una familia establecida.

Frente a Magali y a varios vecinos aseguró que su plan era vivir con dos esposas al tiempo. Nunca llegó a hacerlo. Cada una de ellas habitaba en una casa, pero los malos tratos a Magali se volvieron pan de cada día. En medio de sus borracheras iba hasta la choza a insultarla y golpearla. Los niños, con Loly a la cabeza, invariablemente escapaban hacia la selva.

La espesura no era una amenaza para ellos, sino un refugio que los amparaba. Loly llevaba un poquito de fariña por si alguno tenía hambre, un biberón para la bebé y a veces una linterna. La fariña es un ejemplo de transformación de lo malo en bueno, como lo era la obligada fuga de los niños. La yuca brava contiene ácido cianhídrico, un tipo letal de cianuro. Por eso antes de consumirla hay que cocinarla por tres días, partirla en delgadas astillas y exprimirla hasta sacarle el veneno, después molerla y tostarla; de ahí sale la fariña, que es la base de la alimentación y a la vez una golosina.

Durante esas noches, abrazados por la selva, los niños acostumbraron sus ojos a la oscuridad, sus pupilas se dilataban hasta ver detalles como si estuvieran a plena luz. Aprendieron a caminar en fila pisando la huella de la más grande. Así no corrían el riesgo de resbalarse, ni de tocar una planta urticante o un animal agresivo. La selva suena diferente de noche. Unos pájaros que se esconden cuando hay sol hacen sentir sus gorjeos en la oscuridad. Al comienzo ese ruido suena como una mezcla anárquica, pero a medida que pasan los minutos el oído empieza a diferenciar al minero gritón, cuyo canto se puede escuchar medio kilómetro a la redonda, del sutil uirapuru que trina solamente dos semanas al año. También pueden distinguirse el canto de un grillo y el sonido de un manantial en la distancia. Mientras, el firmamento muestra las constelaciones que lucen con esplendor cuando no hay luz artificial que las oculte.

Las ofensas y golpizas a Magali marcaban el comienzo de una aventura para los niños. Sonia y Toto lo tomaban como un juego divertido, pero la tensión menoscababa el ánimo de Loly. Alexander Olarte, rector del Colegio donde la niña estudiaba el primer año de secundaria, comentó en una entrevista al programa Los Informantes, de Caracol, que se había vuelto más tímida, que a veces no quería entrar a clase y se veía triste.

—Loly desde muy pequeñita ha estado encargada de los hermanos —asegura su padrastro, Arsenio Revoque—. Ella madrugaba a lavar la ropa, mantenía pendiente de la comida, y nosotros con la mamá traíamos la comida y pues la niña siempre ha estado en ese espacio, y nosotros encargados de buscar la yuca para hacer la fariña, el casabe, y yo encargado en la noche de buscar el pescado, el borugo.

De acuerdo con su versión de los hechos, la niña era permanentemente golpeada pero no por él.

—Magali le enseñaba muy bien los quehaceres, pero cuando no se entendían era a los juetazos.

Todos están de acuerdo en que desde muy temprano la niña tuvo responsabilidades de adulta y que tal vez por eso maduró pronto. Sus hermanos le reconocían autoridad de madre y le obedecían casi siempre.

Un buen día de ese mes de abril, el padre y padrastro llegó nuevamente ebrio y furioso. Los niños alcanzaron a salir de la casa y tomaron rumbo a la jungla. Nadie vio que llevaba un machete. La peinilla, como se llama en muchas regiones de Colombia al cuchillo gigantesco que sirve de herramienta y arma, tiene una parte con filo que corta y otra plana que golpea.

El hombre la emprendió a planazos contra Magali, los gritos se escucharon en todo el resguardo e incluso desde la selva. Uno de los golpes que le asentó Revoque a su esposa fue en las vértebras cervicales. Los indígenas dicen "en la tabla del pescuezo" para referirse a uno de los impactos más dolorosos que puede sufrir una persona. La contusión en esa parte de la columna vertebral puede causar una parálisis permanente.

Al día siguiente, como pudo, Magali Muyui fue a buscar a los ancianos del resguardo y a mostrarles cómo la había dejado su marido. En su espalda quedaron marcados cinco hematomas púrpuras con la forma del machete. Los curanderos le dieron medicina y le frotaron suavecito la espalda con un ungüento anestésico preparado con raíces. Le aliviaron el dolor del cuerpo pero había uno más grande: aseguran que, entre lágrimas, Magali les contó que en el pasado Arsenio Revoque había intentado algo que la llenaba de tristeza y vergüenza.

Los mayores decidieron que el hombre debía pagar las consecuencias de sus acciones. La comunidad lo destituyó de su posición de gobernador y los viejos determinaron que sería castigado de acuerdo con las normas de los huitotos. El ambil se encargaría de hacer justicia. Arsenio Revoque debería tomar 200 mililitros de la combinación de tabaco y sal, una cantidad muy grande comparada con las dosis usuales. Si sobrevivía a esta prueba cambiaría para siempre. Sería una persona buena, pacífica y honesta. De lo contrario, pagaría con su vida las faltas que había cometido.

Arsenio Revoque no esperó a que le comunicaran la sentencia. Saltó a una lancha y escapó. Cruzó el cañón del

Diablo, formado por los inmensos tepuyes, como se llaman las imponentes mesetas amazónicas de las que se desprenden cascadas que asombran la vista pero que hacen peligrosa la navegación. Cuando llegó a Puerto Arturo, en Araracuara, le aseguró a la Policía que había dejado el resguardo por amenazas del Frente Carolina Ramírez, una guerrilla disidente de las Fuerzas Armadas Revolucionarias de Colombia (Farc) y entregada por completo al narcotráfico. Para evitarle el peligro, lo subieron en el siguiente vuelo a Bogotá.

Magali y los niños también se fueron de Puerto Sábalo. Partieron por río hasta un resguardo a unas horas de allí, donde vivía la abuela Faustina Plasencia.

La abuela recuerda así la conversación con Magali:

—Tiene que apartar a Loly del padrastro —le advirtió Faustina—. Las tías me dijeron que iban a pedir a Loly para quedarse con ella porque estaban viendo algo raro, que como ese man, Arsenio, como que mete marihuana y de pronto no vaya y se meta con la niña.

Magali escuchó en silencio el comentario.

La abuela prosiguió:

—Bueno, hija, yo quiero hablar con usted una cosa ya que no está su marido y está usted como responsable, ¿por qué no me deja la niña?

En ese momento intervino Fidelio, hermano de Faustina.

—Maga, tiene que dejar la niña, yo le voy a dar de todo, déjenla donde mi hermana.

—Tío —interrumpió Magali—, ¿usted no me cobra por tenerla?

—No —respondió Fidelio—. ¿Por qué cobrar si es para bien suyo? Hasta donde me alcance le vamos a ayudar. Déjela allí donde mi hermana. De aquí a mañana la niña puede ser doctorada...

La abuela intervino de nuevo:

—Maga, es su hija, este Arsenio es padrastro, ahí no tiene que ver nada.

Arsenio Revoque asegura que las acusaciones no tienen fundamento:

—Hubo una mala información, que yo le estaba pegando a mi mujer y que yo iba a violar a la niña y por eso yo le estaba pegando a mi mujer, y cuando ella les dijo "es que no fue por eso, nosotros teníamos otro problema muy personal, muy interno que es de nosotros como hogar". Los abuelos le hicieron preguntas y la pusieron contra la pared.

La noticia se movió por los resguardos a través del río Caquetá. No viajó por el tambor manguare, que es el método ancestral de transmisión, sino que llegó por el boca a boca de los viajeros y por los mensajes de texto y de WhatsApp en los lugares donde hay alguna cobertura de la telefonía celular. Algunos sentenciaron que actuaba así porque estaba en malos pasos y que la ambición de plata lo llevaba por muy mal camino. Él, en cambio, asegura que solo quería lo mejor para su familia:

—Allá el trabajo no es constante y pues es ilegal y no quiero mencionarlo porque es algo con que pongo en riesgo a mucha gente.

En la cultura huitota no existe el sentido de la acumulación. Su sistema de conteo se basa en tres variables: menos que suficiente, suficiente y más que suficiente. Quizás por esa razón la codicia no es usual y nadie se considera individualmente dueño de la tierra. Las chagras, como se llaman las parcelas que usan para cultivar, son de todos y la selva no es una propiedad, los indígenas se consideran parte de ella, no la más importante, ni la menos, solo una parte más. De acuerdo con su cosmovisión, los minerales, el agua, la vegetación, los animales y las personas están hechos para cuidarse unos a otros y para usar solamente lo que necesiten.

Ese desprendimiento volvió a los huitotos una presa fácil de la codicia de los forasteros. Por ejemplo, a finales del siglo XIX y comienzos del XX surgió la industria automotriz y con ella la necesidad de crear llantas que se nutrían de los árboles de caucho del Amazonas. Las "caucherías", como se llamaba a las explotaciones masivas del látex del árbol de la seringueira, terminaron esclavizando a los huitotos. El descubrimiento del proceso de vulcanización y el invento del neumático representaron un momento de expansión para el primer mundo, pero al Amazonas solo trajeron miseria, explotación y muerte.

Siete generaciones después, el nombre de la Casa Arana sigue causando dolor entre los huitotos. Miles de ellos fueron reclutados a la fuerza para sacar la "leche" del árbol del caucho, obligados a trabajar en las peores condiciones hasta morir, o torturados y asesinados por negarse a la esclavitud y a la prostitución suya y de sus hijos.

El antropólogo Wade Davis describe así lo que se vivía en esos años: "Los caucheros, a quienes se les permitía 'civilizar' a los indios, atacaban al alba, atrapando a sus víctimas en las malocas y ofreciéndoles regalos como excusa a su esclavitud. Una vez en garras de deudas que no podían comprender y a riesgo de la vida de sus familias, los huitotos trabajaban para producir una sustancia que no podían usar. Los que no cumplían con su cuota, los que veían que la aguja de la balanza no pasaba de la marca de los diez kilos, caían de bruces a la espera del castigo. A unos los golpeaban y azotaban, a otros les cortaban las manos o los dedos. Se sometían, porque si oponían resistencia sus esposas y sus hijos pagarían por ello".

El amo de la empresa explotadora Peruvian Amazon Rubber Company se llamaba Julio César Arana y era peruano, aunque sus socios inversionistas eran británicos y celebraban en los clubes de Londres, al calor de un buen escocés, sus astronómicas utilidades sin importar el genocidio de los huitotos. La mansión Arana en la capital del Reino Unido competía en lujo con los palacios de la realeza. La riqueza del caucho permitió incluso que en Manaos, la mayor ciudad brasilera en el Amazonas, se construyera un teatro de ópera comparable con La Scala de Milán. Los muebles estilo Luis XV vinieron de París, los mármoles de Carrara, las lámparas fueron hechas de fino cristal de Murano, pero invariablemente la sangre la pusieron los indígenas.

El diplomático irlandés Roger Casement documentó la crueldad de los caucheros. Uno de los testimonios de esta historia provino del ingeniero ferroviario estadounidense Walter Hardenburg, quien presenció las atrocidades en la zona del Putumayo: "Los torturaban con fuego, agua y la crucifixión con los pies para arriba. Los empleados de la compañía cortaban a los indios en pedazos con machetes y aplastaban los sesos de los niños pequeños al lanzarlos contra árboles y paredes. A los viejos los mataban cuando ya no podían trabajar, y para divertirse, los funcionarios de la compañía ejercitaban su pericia de tiradores utilizando a los indios como blanco. En ocasiones especiales como el sábado de Pascua, sábado de gloria, los mataban en grupos o, con preferencia, los rociaban con queroseno y les prendían fuego para disfrutar con su agonía".

La huella de la Casa Arana quedó marcada como una cicatriz perpetua en los indígenas de Colombia, Perú, Ecuador y Brasil. La comunidad de Puerto Sábalo, como la mayoría de los huitotos que ocupan estas áreas del Araracuara, es descendiente directa de los sobrevivientes de este genocidio, omitido por los libros de historia.

Desde hace unas décadas el narcotráfico se ha hecho sentir y la hoja de coca, considerada sagrada para las tribus amazónicas, se volvió una mercancía codiciada que transformó a algunos indígenas en raspachines, recolectores de cosechas, o transportadores que mueven por entre la jungla —y sobre su espalda— cargamentos de hoja hacia los laboratorios, donde los intermediarios la procesan para convertirla en la base de la que los traficantes sacan la cocaína que venden a precios astronómicos en Estados Unidos y en Europa.

Una pesadilla que amenaza con repetirse y que ha tenido gente armada detrás. Los paramilitares arrancaron con el sanguinario Frente Caquetá, que después mutó a Frente Sur Andaquíes; el Ejército de Colombia —que tanto habría de hacer por el rescate de los niños— un año antes ejecutó una masacre en El Remanso, Putumayo, donde murieron once personas, entre ellas un gobernador indígena, a quienes acusaron de ser parte del Frente Carolina Ramírez, disidencia de las Farc, al que Arsenio Revoque culpa de amenazas en contra suya y de su familia.

Aparentemente, por cuenta de esas amenazas —reales o no— empezó un viaje que para tres personas no tuvo retorno.

2

ALZANDO VUELO

Después de cada golpiza sucedía lo mismo. Arsenio Revoque buscaba a Magali Muyui, le pedía perdón, prometía cambiar y le rogaba que arreglaran su relación para siempre. Sin embargo, esta última paliza había sido tan salvaje que muchos creyeron que era la definitiva. Lo único que le quedaba era matarla. La mujer apenas podía moverse por el dolor. Los moretones en la espalda le impedían sentarse y el más leve roce le arrancaba gritos. Como mejor pudo, Magali envolvió la ropa de ella y de los cuatro niños, se despidió de su minúscula casa en medio de la selva, donde había sufrido tanto, y caminó hasta el río para ir a buscar el apoyo de su hermano que vivía en el vecino resguardo de Berlín.

Ignacio López, el gobernador de esa comunidad indígena, le dijo al periodista Federico Benítez, del programa Los Informantes, de Caracol, que Magali estuvo en su casa y que vio en su cuerpo las marcas de los planazos de Revoque:

—Llegó la mujer por acá, toda maltratada, tenía así como un machetazo y un rayón de una peinilla.

De Berlín salieron a la comunidad de Chukiki a buscar a Faustina Plasencia, la abuela de los niños. Estando allí, Revoque llamó a Magali. Le pidió una nueva oportunidad, le dijo que debían rehacer sus vidas lejos de Puerto Sábalo y le contó que estaba en Bogotá porque la Policía lo había sacado para ponerlo a salvo de las pretendidas amenazas del Frente Carolina Ramírez:

—Ya nosotros llevábamos seis años conviviendo con ella —reconoció Arsenio Revoque—. No es una vida tan espectacular, pero nosotros ya teníamos una vida construida y por cuestiones de la envidia de la misma comunidad teníamos que buscar la vida donde nos sintiéramos cómodos.

Según sus palabras, tenía planes que ayudarían a todos los miembros de la familia:

—Yo estaba organizándome en Bogotá y metiendo papeles para trabajar en una empresa de recolección de pasto, los niños iban a recibir unos porcentajes para sus gastos y los iba a poner en Familias en Acción.

Familias en Acción es un programa de asistencia social estatal creado para los colombianos más pobres. Su propósito es ofrecer a padres, niños y adolescentes una ayuda en dinero para apoyar la educación y la atención sanitaria. Lo que Arsenio Revoque le proponía a Magali consistía en dejar la selva, donde tenían muy poco, para cambiarla por la ciudad, donde no tenían nada, salvo la expectativa de un pequeño subsidio.

Como haya sido, Magali aceptó. Se fue en la lancha hasta Araracuara para allí tomar un avión que los sacara a ella y a los niños primero a San José del Guaviare y luego a Bogotá. La pista aérea existe hace 80 años. Fue construida por presos forzados a trabajar en una cárcel llamada Colonia Penal de Araracuara. La prisión que era llamada "El Infierno Verde" fue la versión colombiana de "La Isla del Diablo" en la Guayana Francesa. La mayoría de los internos eran campesinos condenados a vivir y a morir en una jungla que no conocían. Los obligaban a trabajar, de sol a sol, en los terrenos arrancados a la selva y su producto enriquecía a guardianes y directivos. Los reclusos no podían siquiera comer lo que cultivaban. Pocos salían con vida; cuando no los mataban las serpientes o la malaria, morían de cansancio sobre el azadón o de un tiro en la espalda por la inapelable "ley de fuga". La palabra del guardián bastaba: el preso había sido ejecutado cuando trataba de huir.

En esa zona, en la confluencia de los ríos Yarí y Caquetá, fue construida la penitenciaría que hasta 1970 albergó a 700 presos y 200 guardianes. Para levantar las nueve barracas del penal fue expulsada de ese territorio una comunidad indígena, sobreviviente de las caucherías de la Casa Arana. Germán Castro Caycedo lo registró así: "Desde su llegada los guardias armados irrumpieron en las malocas y establecieron la compra de mujeres. Ante la humillación, algunos indígenas reaccionaron y fueron machacados por quienes representaban la ley".

La crueldad fue la norma no solo en el desplazamiento de los indígenas, sino también en el tratamiento de los internos de la penitenciaría: "No lejos de la pista había una construcción de ladrillos y tejas de metal, cruzada por dentro —desde el piso hasta el techo— con alambre de espinas. En ella eran encerrados por las noches los más rebeldes. Cuando oscurecía el lugar se convertía en una caja de llanto. Fuera de aquella construcción se veían cuadriláteros de ladrillo con las medidas de un hombre de pie. Los presos sepultados en aquellas criptas padecían durante semanas, de pie sobre un piso en el que gargareaban sus propios excrementos".

En el lugar donde se alzaban esas construcciones ahora hay una tienda que hace las veces de cafetería en el aeropuerto de Araracuara. La gobierna Martha Muñoz, quien sirve con dedicación a las tripulaciones y pasajeros que usan la pista. Ella recuerda al piloto Hernando Murcia como un hombre cuidadoso de su avión, de buenos modales y pulcro en su uniforme. Lo conocía desde cuando piloteaba un Douglas DC3, un tipo de avión que por décadas fue el autobús y el camión de carga del llano y de la selva.

El DC3 era el único contacto de decenas de pueblos con el mundo. A bordo llegaba todo lo necesario para vivir y salía lo que producían esas regiones. Hace años el capitán Murcia sacaba en su DC3 la pesca de la región de Araracuara y su llegada era celebrada porque la venta mejoraba la vida mísera de las comunidades. Algunos de esos aviones volaron por más de 80 años, aterrizaban en cualquier parte y para encender los motores enrollaban un lazo al eje de las hélices y lo halaban hasta que permanecía girando. Un buen día la Aeronáutica Civil (Aerocivil) decidió prohibir el vuelo de los DC3 por su edad y sobre todo por su tasa de siniestralidad. Muchos pilotos que no estaban entrenados para otro aparato se quedaron sin trabajo. No fue el caso del capitán Murcia, que se pasó al pequeño Cessna.

La pericia de Murcia era reconocida por sus colegas. En 2017 despegó en un monomotor de San Felipe, Guainía, pero minutos después la hélice falló. Con nervios de acero, el piloto buscó el lugar más propicio y llegó planeando hasta una carretera en construcción donde efectuó un aterrizaje perfecto del que todos los ocupantes salieron ilesos.

Martha, la encargada de la cafetería del pequeño aeropuerto, recuerda la víspera del último vuelo del capitán Murcia. Ese domingo 30 de abril, poco después de las cinco de la tarde, aterrizó en Araracuara. Había tenido un día largo. Llegó a las seis de la mañana al aeropuerto Vanguardia en Villavicencio. Despegó a las 8:04 con cinco pasajeros hacia San José del Guaviare. A las 9:45 salió de San José hacia Carurú, en el Vaupés, llevando a bordo tres personas. A las 11:15 retornó a San José y a las 13:00 despegó hacia La Chorrera, Amazonas, con cinco pasajeros. De allí partió a las 16:15 con tres ocupantes hacia Araracuara. No hubo reporte de anormalidades en ninguno de los trayectos.

Martha recuerda que ese día llegó cansado y con hambre porque no había podido probar bocado en ninguna de las escalas.

—Ya le preparo comida —le dijo Martha.

—No, señora, no se preocupe —contestó el capitán.

—Le arreglé la habitación de mi papá para que descanse —le ofreció y le pidió esperarla unos minutos—. Un momento, yo me desocupo de los soldados y ya lo atiendo.

—Voy a lavar mi camisa —comentó el piloto.

—Claro, aquí está el jabón, aquí está el lavadero.

—Uno tiene que ir bien presentado —dijo el aviador, hablando como para sí mismo—, como es blanca, voy a lavarla bien.

Martha recuerda que le prestó un gancho para que la pusiera a secar y que después él entró a la cocina, le ayudó a hacer los patacones y recordó los tiempos de los vuelos del DC3 cargado de pescado.

El capitán tenía la costumbre de llamar a su esposa, Olga Vizcaíno, al empezar y al terminar cada vuelo. A veces solo había tiempo para un saludo breve, pero al comenzar y terminar el día hablaban un poco más. Ella le dijo al diario El Tiempo que esa noche recibió su última llamada. Le marcó desde las inmediaciones de la pista de Araracuara:

—Mañana salgo de acá. Mañana nos hablamos.

Olga cuenta que le respondió que lo amaba y que él terminó la conversación pidiendo que saludara a sus hijas de 19 y 12 años.

—Deles un pico y un abrazo. Ya déselos, por favor. No voy a colgar hasta que lo haga.

Tenía 55 años y era conocido por su buen corazón. Aunque nunca le sobró el dinero, siempre halló la manera de ayudar a los más necesitados. Un colega suyo que no encontró oportunidades después de la orden de sacar de vuelo a los DC3 tuvo en Murcia una mano solidaria para emprender un pequeño negocio de transporte de tripulaciones. De hecho, Murcia había conocido a Olga, su esposa, en una reunión de la Fundación Hogar Misericordioso, de la que el piloto había sido creador. Esa institución tenía el propósito de ayudar a niños con necesidades especiales de aprendizaje.

La madrugada del lunes 1.º de mayo, Olga se quedó esperando la llamada de su esposo que además de una cotidiana muestra de afecto se había convertido en un agüero para la buena suerte:

—Quizás nos ocupamos —relata Olga—. Quizás fue el destino o no sé qué pasó, pero esa mañana no nos despedimos.

Doña Martha, la encargada de la cafetería en el aeropuerto de Araracuara, tiene una explicación diferente:

—Ese día no llamó a la esposa, el teléfono se le había descargado, tengo entendido que se le había quedado el cargador no sé si en San José o dónde.

Según ella, los pasajeros del pequeño Cessna de matrícula HK 2803 iban a ser inicialmente tres miembros de la empresa Yauto SAS, una compañía que promueve la compra de bonos de carbón en el Amazonas. El acuerdo consiste en que empresas contaminadoras de Estados Unidos y Europa les paguen a los indígenas por preservar el bosque amazónico para librar al planeta de la polución que sus fábricas producen. Los intermediarios ganan una jugosa comisión. El negocio no ha estado libre de controversias porque algunas comunidades de La Monchoa han sido excluidas. Yauto SAS pertenece a Gustavo Enrique Ardila, un empresario minero, y a Pedro Santiago Posada, un antiguo director de asuntos indígenas del gobierno de Colombia.

—El capi se levantó a las cinco de la mañana y me dijo: "En el nombre de Dios, ya me voy a ir porque está haciendo bonito día" —recuerda Martha Muñoz—, entonces salieron la Policía y salió el Ejército, como hacen ellos para la seguridad del campo de aterrizaje.

La encargada de la cafetería se dio cuenta de que había más pasajeros que puestos en el pequeño avión. Una situación que es usual en Araracuara.

—La avioneta salió y los de Yauto se quedaron en la pista —añade Martha—. Salió don Herman Mendoza, salió Magali, salieron los niños y salieron los de Yauto. Ya estando en la pista, el finadito Herman le dijo a los de Yauto que por qué no se quedaban ellos porque él tenía una reunión urgente y que se quedaran y que se fueran en el segundo vuelo, porque ya había confirmado un segundo vuelo para ellos.

Herman Mendoza era un líder huitoto que presidía la Asociación de Profesionales Indígenas Yetara. Además, era primo segundo de Magali Muyui. Ella y los cuatro niños abordaron el avión por recomendación de la Policía, que estaba advertida de las presuntas amenazas del Frente Carolina Ramírez.

—Magali insistió en abordar la avioneta, porque así se hace aquí —asegura Martha Muñoz—, en todos los vuelos pasa. Que si hay cupo o que no hay cupo, entonces van y hablan con el piloto o allá, que mire si hay pasajes o esto y lo otro, porque no hay más por dónde salir. Eso es lo que se hace. Ellos fueron allá e hicieron el cambalache ahí con el piloto, porque se bajaron unos y se montaron otros.

Arsenio Revoque afirma que le pagó a Avianline Charter's SAS un poco más de 500 dólares por el viaje de Magali y los niños: "El pasaje de los cinco, incluyendo a mi hija de un año, valió $2.100.000 [pesos colombianos], el vuelo de Araracuara a San José. Yo no hablé directamente con el dueño, sino por medio de otras personas compré los tiquetes".

La aerolínea Avianline asegura, en un informe sobre el día a día del vuelo, que solo se enteraron de la lista de pasajeros después del reporte de la emergencia el 1.° de mayo: "Se conoce el listado de pasajeros, el cual la compañía desconocía ya que no contábamos con que el piloto trasladaría a cuatro niños y dos personas más como pasajeros, porque el traslado era para el señor Hernán Mendoza [sic] inicialmente".

Ese día el suministro de combustible para el pequeño avión se salió de lo habitual:

—A mí me comentaron que ellos en La Chorrera siempre echan gasolina y entonces que él llegó a buscar al señor de la gasolina y no lo encontró y que no había gasolina, que se la habían gastado, que se la habían robado o no sé qué —relata Martha Muñoz—, entonces me llamó de San José del Guaviare el encargado de vuelo y me preguntó si había gasolina acá porque yo le guardo la gasolina a la ambulancia. Es decir, a las avionetas que la dejan guardada acá para cuando haya un vuelo en el que ellas tengan que tanquear. Yo les informé que había dado la gasolina de otra empresa y ellos la negociaron con la otra empresa. Entonces llamaron al capitán Juan Pablo, y el capitán Juan Pablo autorizó entregar la gasolina.

Tampoco fue rutinario el decolaje:

—Cuando fue a despegar, la avioneta se pegó dos veces por el mal estado de la pista. Al Ejército y la Policía les tocó ir a sacarla del barro. Por los huecos, la avioneta se clavó, se pegó. Fue feo, cuando fue a despegar se clavó. Entonces volvía a arrancar y se volvía a pegar, pero nunca se escuchó un ruido feo, ni nada de eso, no. Y si se hubiera escuchado ruido feo, ¿usted cree que el piloto no se hubiera devuelto?

Sobre el mismo tema, Arsenio Revoque afirma:

—Ese día del vuelo la avioneta ni siquiera quería prender, unos militares de la pista de Araracuara ayudaron a empujar para que encendiera. Lo otro, dicen que cuando el avión venía de Leticia a Araracuara ya venía fallando.

El carreteo arrancó a las 6:42 de la mañana del lunes 1.° de mayo de 2023. Al lado del piloto Hernando Murcia estaba sentado el líder huitoto Herman Mendoza. En la segunda fila, detrás del capitán, iba Magali Muyui, de 33 años, quien llevaba en brazos a la bebé Antonia, de once meses; a su lado viajaba Loly Jamioy Muyui, de trece años. En la tercera fila se sentaron Sonia Jamioy Muyui, de nueve años, y Toto Revoque Muyui, de cuatro años.

A las 7:15 el avión se reportó a la torre de control del aeropuerto Vanguardia de Villavicencio con condiciones normales a una distancia de 140 millas náuticas de San José del Guaviare y en ascenso visual a 8.500 pies.

Dos minutos más tarde empezó la emergencia:

—¡Mayday, mayday, mayday, 2803! —dijo el capitán Murcia, a través del radio de comunicaciones—, ¡mayday, mayday, mayday!, tengo el motor en mínimas, voy a buscar un campo.

La torre de control le señaló al piloto que estaba cerca de dos pistas; la de Morichal, en el Vaupés, y la de Miraflores, en el Guaviare. A la misma hora fue alertado el Comando Aéreo de Combate N.° 2 de la Fuerza Aérea Colombiana, ubicado en la base de Apiay, en inmediaciones de Villavicencio.

Aunque el Cessna aparecía en el radar del controlador, las comunicaciones se interrumpieron. La torre ordenó entonces a otra pequeña aeronave, el Piper HK1804, que volaba cerca de la zona que estableciera un puente de comunicación con el avión en emergencia. No hubo respuesta.

Quince minutos después el Cessna reapareció en el radio:

—Aquí 2803, el motor volvió a coger potencia —dijo serenamente el capitán Murcia—, estoy a 120 millas náuticas de San José en ascenso para 8.500.

Los controladores respiraron aliviados, mientras el piloto informaba:

—2803, seis personas a bordo y autonomía para tres horas.

Pasaron ocho minutos antes de la nueva comunicación. Todo parecía marchar bien:

—2803, al momento me encuentro a 109 millas náuticas de San José en condiciones visuales. Solicito mantener 5.500 pies.

La torre de control le pidió que reportara si tenía visual con Miraflores, Guaviare. El radar indicaba que el Cessna iba a 79 nudos de velocidad true airspeed, es decir, velocidad real teniendo en cuenta las corrientes de viento.

La tranquilidad solo duró tres minutos y 28 segundos:

—¡Mayday, mayday, mayday, 2803, 2803!, el motor me volvió a fallar, voy a buscar un río, tengo un río aquí a la derecha.

El radar indicaba que estaba sobre las selvas de Cunare, en la serranía de Chiribiquete. El río necesariamente era el Apaporis. La torre le pidió indicar posición. A las 7 de la mañana, 44 minutos y 18 segundos, el capitán Murcia reportó:

—103 millas fuera de San José, voy a acuatizar...

Esa fue la última comunicación. Veinticuatro segundos después el radar registró que el avión giró a la derecha. La velocidad seguía siendo de 79 nudos, unos 146 kilómetros por hora. Después el punto luminoso desapareció de las pantallas de la torre de control.

3

LAS TRES CAÍDAS

Sonaba raro. "Como si estuviera pistoneando", les dijo a los investigadores de la Aerocivil un habitante de la zona que vio pasar el avión sobre su cabeza. Era el típico ruido de un motor que falla. La destreza del capitán Hernando Murcia, forjada en 30 años de experiencia piloteando sobre la selva y los llanos de Colombia, llenaba de optimismo a sus colegas. Sin embargo, muchos que conocían la geografía del Apaporis sabían que no era el mejor río para acuatizar. Está lleno de cachiveras, como se llama a los raudales que convierten la navegación en un reto inmenso.

Dos años antes, Murcia había escapado de sufrir una emergencia similar en el mismo avión, o al menos en uno de matrícula idéntica. El domingo 25 de julio de 2021 despegó a las ocho de la mañana de Villavicencio rumbo a San Miguel con escala en Mitú, la capital del departamento del Vaupés, en la selva amazónica de Colombia. Por esos días el

HK2803 no era un avión de pasajeros, sino una ambulancia aérea con cuatro sillas y espacio para una camilla. La avioneta era operada por la compañía Air Medical Service SAS. Al lado del piloto Murcia iba el doctor Robinson Isaza Muñoz, director médico de la compañía, quien recuerda al aviador como un hombre amable y sereno.

Iban a la comunidad indígena de Sonaña para atender a un enfermo de covid-19. Como cada libra de peso ahorrada facilitaba la maniobrabilidad del avión en la corta pista de San Miguel, el doctor Isaza dejó la mayor parte de su instrumental. Optó por llevar solamente el respirador para atender al paciente, un miembro de la etnia tucana, que presentaba fiebre y problemas respiratorios aún leves.

Cuando hicieron escala en Mitú recibieron de la aerolínea la orden de cambiar la tripulación. El capitán Murcia fue relevado y, según recuerda el doctor Isaza, asignado a otro pequeño avión de pasajeros, operado por Avianline Charter's SAS. A cargo del vuelo médico quedó el piloto Harry Castañeda. Despegaron hacia la pista de San Miguel, a la que llegaron sin contratiempos. La comunidad los recibió con alegría porque pese a su aislamiento habían tenido noticias de la estela de muerte que venía esparciendo el covid-19 por todo el planeta y temían que el virus empezara a propagarse en las comunidades.

Por esos días Bernardo Valverde Nonocudo, un abuelo sabedor huitoto, advirtió que la pandemia era la manifestación de la ira del padre creador, Moo Buinaima, por la explotación inmisericorde de la naturaleza.

El contagiado, aparentemente, había agarrado la enfermedad de unos comerciantes del río, de esos que pasan cambiando baratijas por coca, pieles de animales o productos agrícolas. Estaba menos enfermo de lo que esperaban, pero sí era importante controlar su evolución y aislarlo.

La estadía del avión en la pista de San Miguel fue relámpago, duró 30 minutos. El capitán Castañeda apenas pudo estirar las piernas mientras el doctor Isaza revisaba los signos vitales del paciente, llamado Luis Fernando. En los registros del vuelo no aparece su apellido.

De acuerdo con los documentos, el piloto instruyó a Luis Fernando y al médico sobre los protocolos de emergencia. El capitán Castañeda recuerda que diez minutos después, cuando ya volaban sobre un denso bosque de arrayanes, un olor pestilente a aceite quemado empezó a brotar de la hélice. No había humo, pero estaba hirviendo la cabeza de cilindros del motor.

El indicador de temperatura del aceite se disparó. El piloto supo inmediatamente que quedaban pocos minutos de motor pleno y que muy probablemente no podría cubrir la ruta planeada. Castañeda, para sus adentros, empezó a repetir las oraciones que había aprendido en su niñez y con voz tranquila, la más tranquila de la que fue capaz, les comunicó a sus dos pasajeros que estaban en emergencia y que debían aterrizar en el primer descampado que encontraran. No había ninguno a la vista. Solo la selva y el río Pirá Paraná. Los tres estaban aterrados pero nadie gritó.

El piloto trató de volar de regreso al resguardo indígena. El motor perdía potencia cada segundo, pero sin apagarse del todo. El Cessna, que en el mundo de la aviación es conocido como el todoterreno del aire, fue perdiendo altura, poco a poco, a medida que bajaban las revoluciones por minuto, hasta que la hélice del monomotor simplemente dejó de girar.

No fue una sorpresa para Castañeda. Los instrumentos que marcaban la presión y la temperatura del aceite presagiaban lo que sucedería. El piloto comunicó su situación al aeropuerto Vanguardia en Villavicencio. Repasó rigurosamente su lista de chequeo de emergencia: velocidad a 70 nudos, 130 kilómetros por hora, horizonte artificial nivelado, activó el interruptor de ignición para ver si el motor reiniciaba, pero la hélice permaneció quieta. Siguiendo el procedimiento, cortó la mezcla de combustible, puso el código 7700 en el *transponder* y se preparó para lo que inexorablemente venía.

Una de las maniobras que enseñan en la escuela de pilotos consiste en hacer planear el pequeño avión. Levantó un poco la nariz del Cessna, solo un poco, para asegurarse de que con la potencia que quedaba pudiera planear hasta el lugar más propicio para tratar de hacer un aterrizaje de emergencia.

No había un sitio llano y sin vegetación para intentarlo. Como lo temía, su mejor opción era arborizar. Las posibilidades de lograrlo eran escasas, pero existían. Trató de recordar algún piloto que hubiera intentado la maniobra. Ningún nombre llegó a su mente. La avioneta seguía bajando sin el impulso del motor, solo combinando gravedad y viento. Harry Castañeda ejerció con enorme valor su responsabilidad de comandante. Sabía que su serenidad alimentaba la esperanza de sus dos pasajeros y a pesar de tener el corazón a toda máquina siguió hablando con tranquilidad. Les pidió asegurarse bien y proteger sus cabezas.

Explicó que iban a aterrizar en las copas de los árboles. El doctor Isaza y su paciente, Luis Fernando, que iban sentados detrás de él, escucharon aterrados lo que iba a pasar. El puesto del copiloto estaba vacío, como le gustaba mantenerlo siempre que era posible, para evitar distracciones o reacciones inesperadas de personas sin entrenamiento.

En ese preciso momento sintió que había algo de libertad y belleza en el descenso del Cessna en medio de la selva, apoyado solo por la fuerza del viento.

Los gigantescos árboles amazónicos ya se empezaban a ver en su dimensión, el colchón verde que se percibía desde el aire era apenas la azotea de un edificio de nueve pisos. Del suelo a la copa de cada árbol usualmente hay entre 40 y 50 metros. Castañeda escogió un tramo en el que la vegetación lucía pareja, la altura de los árboles era similar. El doctor Isaza relata que tan pronto la aeronave tocó la vegetación, el capitán saltó hacia atrás en su silla para protegerse de la caída. El capitán Castañeda rememora su acrobacia de otra manera. Sin soltar el timón, tiró de la palanca para mover la silla lo más atrás que pudo y luego giró sus piernas para ponerlas entre su asiento y el del copiloto. Sabía que la parte delantera de la avioneta recibiría el mayor impacto cuando todo terminara y pensó que quizás sentándose de medio lado podría salir ileso o al menos poco lastimado.

El pequeño avión tocó el bosque con las tres llantas de su tren de aterrizaje y, como lo había pensado el piloto, se deslizó sobre la copa de los árboles durante un tramo considerable. Un estruendo de loras y micos saludó el arborizaje. Sesenta metros después se acabó el impulso y el Cessna se detuvo como si hubiera logrado equilibrarse sobre el bosque. Por un instante los tres hombres pensaron que el aparato se podía quedar ahí en perfecto equilibrio, como un pájaro anidando en las ramas. La ilusión duró unos segundos, el avión se empezó a mover y las ramas cedieron ante sus 1.200 kilos. El peso del motor inclinó la punta hacia el suelo y cayeron en medio de golpes de hojas gigantes y algarabía de pájaros. El informe oficial de investigación de la Aerocivil calcula que el aparato se precipitó desde 15 metros de altura. El piloto y el médico piensan que fueron más de 40.

El impacto contra el piso fue brutal pero no tan fuerte como pudo haber sido. Las gruesas ramas, que pudieron matarlos, frenaron la caída. El rozamiento los salvó. Piloto, médico y paciente consiguieron, con alguna dificultad, escapar del fuselaje retorcido. El comandante que había logrado la hazaña tenía una herida en la ceja. Se abrió la piel contra el panel de instrumentos pero, tal como lo había pensado, no recibió en su cabeza toda la fuerza del impacto y por eso sobrevivió. Las piernas puestas entre las dos sillas no se fracturaron, como seguramente habría sucedido si estuviera correctamente sentado en su puesto de mando. Lo mejor de todo era que sus dos pasajeros estaban ilesos. Después del más terrible susto de su vida, el capitán se permitió un segundo para agradecer a Dios y felicitarse mentalmente: con su pericia y su maniobra imposible había salvado las dos vidas que dependían de él y la suya.

Tan rápido como pudieron se alejaron de la avioneta, sin mirar atrás, esperando una explosión que no ocurrió. Ya más tranquilos, con respiración entrecortada y rezando en voz alta, el doctor Isaza revisó la lesión del piloto y concluyó que por fortuna no le había pasado nada grave. El capitán Castañeda se atrevió a volver para escarbar los restos del avión a ver si podía rescatar algo. El fuselaje quedó curvado como un plátano y fracturado detrás de la segunda fila de sillas. El radio de comunicaciones, el más preciado instrumento en una situación como esa, no funcionaba. En lo que quedó del avión encontró algo sumamente útil dadas las circunstancias: un sistema portátil de posicionamiento global (*GPS*), que estaba operando. El capitán Castañeda también rescató su iPad con herramienta de localización.

Gracias a esos aparatos, supo que estaba apenas a 5,1 kilómetros de la comunidad indígena de Sonaña de la que habían despegado. Muy cerca si no fuera porque en la selva avanzar unos cuantos metros puede tomar horas. Luis Fernando, el indígena enfermo de covid-19, conocía bien el área, sabía cómo tomar atajos y guiarse en la espesura. Una jugarreta del destino —tan caprichoso ese día— puso la salvación del piloto y del médico en manos del paciente. Tras dos horas de presurosa marcha en medio de la selva húmeda, llegaron hasta el río. Luis Fernando les dijo que a esa hora era posible que pasara una lancha y los viera. Antes de 20 minutos una pequeña embarcación los divisó y los llevó hasta la comunidad indígena. Allí vieron llegar al enfermo aliviado, al médico fatigado y al piloto herido, como si hubieran intercambiado los papeles.

En la zona de la comunidad de Sonaña hay cobertura de telefonía celular, así que el piloto simplemente se comunicó con la empresa, donde ya habían empezado a rezar por su alma. Muy pronto la conversación derivó de la celebración por su supervivencia a las preguntas sobre la ubicación y el estado de la aeronave. La localización no era tan complicada, el Cessna tenía activo un transmisor de señal de emergencia que indicaba sus coordenadas satelitales exactas.

Castañeda avisó que la aeronave había quedado destruida. El informe oficial señala que el motor sufrió daños sustanciales "generando una deformación importante en la pared de fuego y parte de la cabina". Acerca del fuselaje reporta que "como consecuencia de los múltiples golpes sufridos por la aeronave contra los árboles y posteriores impactos contra el terreno, la aeronave experimentó daños en toda su estructura". También indica que hay "múltiples fracturas en largueros, formadores, y deformación plástica crítica en la piel, costados izquierdo y derecho"[1].

En definitiva, el pequeño avión no podría volver a volar.

Sin embargo, unos días después varios técnicos llegaron hasta el paraje selvático para desarmar el Cessna. Lo encontraron clavado de nariz contra el piso y cubierto de musgo como si la manigua se lo hubiera empezado a devorar. Lo desarmaron a punta de destornillador y llave inglesa has-

---

[1] Aeronáutica Civil, Dirección Técnica de Investigación de Accidentes. *Informe final: Accidente COL-21-39GIA: Arborizaje por pérdida de motor de vuelo, 25 de julio de 2021, Mitú, Vaupés, Comunidad indígena Sonaña.* Bogotá: Aeronáutica Civil, 1 de julio de 2022. https://tinyurl. com/mr484wys

ta reducirlo a partes que pudieran ser cargadas por un solo hombre. Con la ayuda de varios indígenas llevaron las piezas hasta el río y luego en lancha hasta la pista de San Miguel de la que había despegado. Las latas retorcidas fueron trasladadas en varios viajes de avión hasta el aeropuerto Vanguardia en Villavicencio.

En los hangares de Aro Reparaciones SAS rearmaron el Cessna, con un nuevo motor, según el informe de la autoridad aeronáutica, y empezó a volar nuevamente el 7 de marzo de 2023, casi dos años después del accidente. Ahora era parte de la flotilla de aviones de la empresa Avianlines Charter's SAS y ya no de Air Medical Service SAS.

Transcurrieron 55 días solamente hasta cuando se volvió a accidentar, otra vez por pérdida de potencia, mientras llevaba a bordo tres adultos y cuatro niños. El piloto era el capitán Hernando Murcia.

Hay una llamativa coincidencia. La empresa de ambulancias Air Medical Service SAS, que operaba el avión cuando se siniestró en 2021, la compañía de transporte no regular de pasajeros Avianlines Charter's SAS, que lo manejaba cuando se accidentó fatalmente en 2023, y el taller que la reconstruyó, Aro Reparaciones, pertenecen al mismo dueño: Fredy Gonzalo Ladino Bernal.

Algo más. El accidente en el que murieron tres adultos y se salvaron cuatro niños no era el segundo de la avioneta sino el tercero. En el registro nacional aeronáutico de Colombia consta que el Cessna sufrió otro siniestro el 23 de septiembre de 1994. El 25 de junio de 2001, casi siete años después, la Aerocivil le canceló la matrícula porque no estaba en condiciones de volar. Uno de los informes señala "está desmantelada ya que solamente existe el fuselaje sin los trenes, ni motor, los planos y la superficie de control están según parece en reparación".

Sin embargo, el 1.° de abril de 2002, la Aerocivil le volvió a expedir la matrícula a la avioneta accidentada en 1994. El operador autorizado fue la empresa Aeronaves Petroleras de Casanare Ltda., Alpes. Después de pasar de mano en mano, el 29 de diciembre de 2017 el Cessna HK2803 fue comprado por su actual propietario, Fredy Gonzalo Ladino Bernal. La escritura pública dice que pagó 29.000.000 de pesos colombianos por ella, menos de 10.000 dólares al cambio de ese año, una suma por la que alguien puede comprar un auto compacto usado en Colombia.

En el momento del accidente del que se salvaron cuatro niños indígenas, la avioneta tenía más de 41 años desde el inicio de sus operaciones. Fue ensamblada por Aviones de Colombia S. A. y vendida el 23 de abril de 1982 a Simeón Campo Dinas, quien la compró por 120.000 dólares de la época.

4

LA BÚSQUEDA CAÓTICA

El transmisor de localización de emergencia del Cessna HK2803 envió la primera señal a las 8:15 de la mañana, casi 31 minutos después de la última comunicación del capitán Murcia, en la que anunciaba que trataría de acuatizar. Las coordenadas marcadas fueron: latitud norte 0 grados, 55 minutos, 35 segundos; longitud oeste 72 grados, 23 minutos, 56 segundos. Se trataba de un terreno selvático en la serranía de Chiribiquete, un lugar pocas veces pisado por seres humanos. El Cessna no llegó al río. Le hicieron falta entre tres y cuatro minutos de vuelo para alcanzar el Apaporis. Lo cual, dicho sea de paso, tampoco habría sido garantía de un acuatizaje exitoso.

A diferencia del accidente de 2021, el motor no había perdido fuerza gradualmente, sino que la potencia se había bajado de manera súbita hasta el rendimiento mínimo, luego se reactivó y finalmente se apagó. El capitán Murcia jamás tuvo la altitud ni el tiempo suficientes para hacer planear el aparato hasta intentar un arborizaje en condiciones propicias. Tampoco tuvo la oportunidad de lanzar su asiento hacia atrás, como dos años antes lo hizo su colega, porque la disposición de las sillas del avión era distinta.

Con la primera llamada del piloto, la torre de control había declarado "Incerfa", el código de emergencia que significa que la aeronave reportada está en una fase de incertidumbre. Con la pérdida de comunicaciones la alarma fue elevada a "Alerfa", que indica que no hay una posición clara del avión. Antes de las nueve de la mañana se declaró "Destrefa", es decir, que muy probablemente el avión había tenido que efectuar un aterrizaje forzoso.

Ese lunes festivo Olga Vizcaíno, la esposa del capitán Murcia, estaba en su casa de Villavicencio cuando el teléfono sonó:

—Era el dueño de la empresa donde Hernando trabajaba —le contó al diario *El Tiempo*—. Me sentí asustada. Son de esas conversaciones que uno no espera jamás en la vida.

Hecha un manojo de nervios oyó las malas noticias de boca de Fredy Gonzalo Ladino:

—Me dijo que habían perdido comunicación con la avioneta y que se había caído. En ese momento me sentí muy mal, confundida, no sabía qué hacer. Solo pensé en guardar la fe y la esperanza, y que si mucho tuviera rasguños y no estuviera malherido.

Como el capitán Murcia había salido ileso de otras emergencias, ella se aferró a la esperanza e imaginó que una vez más lograría burlar la muerte y entraría por la puerta repartiendo abrazos, contando chistes sin gracia y recomendándoles a las niñas que estudiaran inglés. Olga decidió no volver a oír radio, ni ver noticieros de televisión:

—No quería que mis hijas conocieran la noticia, ni especulaciones, sin saber realmente lo que pasó.

También en Villavicencio estaba Faustina Plasencia, la madre de Magali:

—Yo casi me muero por la noticia. Estuve trece días hospitalizada.

Arsenio Revoque estaba en Bogotá cuando supo del accidente:

—El 1.° de mayo yo estaba en la Unidad de Víctimas y salgo a buscar la pieza para el arriendo y estaba por Kennedy, cuando mi hermana me llama y me dice que parece que la avioneta donde venían mi esposa y los niños se cayó. Yo inmediatamente dejo de buscar arriendo, pues se trata de mi familia. Y le dije "Voy ya a buscarlos donde fue el accidente".

La búsqueda empezó inmediatamente. Tres Cessnas, iguales al siniestrado y pertenecientes a Avianline Charter's, salieron de Mitú y San José del Guaviare para sobrevolar la zona donde se había reportado la última señal. Otros dos aviones de empresas particulares se sumaron a la operación. Doce indígenas de las comunidades cercanas partieron por río a buscarlos. El reporte de la aerolínea apunta: "Desde el momento que ellos inician la búsqueda por río perdemos comunicación con ellos".

Henry Guerrero Fumoraque, líder huitoto del Araracuara y miembro de la Organización Nacional de los Pueblos Indígenas de la Amazonia Colombiana (Opiac), sabe exactamente lo que sucedió:

—En Cachiporro nos tenían listo un desplazamiento por el río Apaporis en bote con gasolina y todo. Creíamos saber dónde podía estar la avioneta, pero cuando arrancamos la embarcación no sirvió, se varó. No encontramos punto dónde quedarnos, así que dormimos al lado del Apaporis dentro del bote, y sin comunicación porque nos dieron unos teléfonos satelitales sin minutos, prestados por empresarios de Araracuara.

Al día siguiente, tres aeronaves militares y cuatro civiles efectuaron los posibles recorridos del avión a partir de las últimas coordenadas conocidas. Nadie logró ver nada. Mientras tanto, se organizó un segundo grupo de búsqueda por río que no pudo zarpar por las condiciones climáticas.

Ese mismo día varios familiares de los ocupantes se concentraron en un hotel de Villavicencio para esperar noticias, los gastos de alojamiento los cubrió la aerolínea. Entre ellos estuvieron Arsenio Revoque, su hermana y Abel Jamoy, padre de Loly y Sonia junto con Ismael, Diana y Kevin Mendoza, respectivamente padre, hermana e hijo del líder indígena Herman Mendoza.

En esa intensa jornada, desde el radio de comunicaciones del Hospital de Mitú, transmitieron la información de que el avión había caído en un predio llamado El Venado. No era cierto pero un segundo grupo de búsqueda fluvial, compuesto por ocho personas, se encaminó hacia esa zona perdiendo tiempo, combustible, víveres y esfuerzo.

El 3 de mayo hubo una nueva información errada. Uno de los aviones de la Fuerza Aérea avistó humo en una zona cercana a la transmisión de señal de la radiobaliza, que es un transmisor satelital de localización que llevaba el avión. Un nuevo sobrevuelo descartó la presencia de humo en el área.

El segundo grupo de búsqueda por río estaba a cargo de un motorista llamado Andrés Londoño. A toda máquina tomó el Apaporis para reunirse con el primer grupo, predominantemente indígena, en un punto llamado Casa Dumar. En ese momento se empezaron a sentir algunas tensiones culturales entre los rescatistas, como lo recuerda Henry Guerrero Fumoraque:

—Cuando nos preparábamos para seguir caminando, sonó un motor, pensamos que eran Arsenio y Delio con las provisiones, pero era un tal Andrés que fue contratado por Avianline para llevarnos la remesa. Eran puros productos de blanco: enlatados y galletas.

No había casabe, ni mañoco, y los rescatistas indígenas prefirieron seguir comiendo pescado ahumado. El registro de la búsqueda, hecho desde la lejana Villavicencio, no captaba los inconvenientes que se vivían en la zona: "Ingresa el segundo grupo de apoyo con víveres, gasolina, motores de lanchas, para unirse al primer grupo y organizar la búsqueda plenamente coordinada con el PMU [puesto de mando unificado] desde Villavicencio. En ese momento se tiene comunicación solamente con el señor motorista Andrés Londoño del segundo grupo. Andrés sale por el río Apaporis navegando hacia la parte de arriba toda la noche y sobre la 01:34 a. m. envía un mensaje donde informa que se encuentra en la Casa Dumar, donde también se reúne con el segundo grupo".

El motorista Londoño, antes de tomar el río, sobrevoló en uno de los aviones de búsqueda el lugar desde donde la radiobaliza estaba transmitiendo la señal. Tenía unas grabaciones de los vuelos que resultaron reveladoras para los rescatistas indígenas:

—El señor nos dijo: "Muchachos, tengo dos videos" —relata Henry Guerrero Fumoraque—. Uno era sobre la situación geográfica de la zona mostrando muchos lagos, y el otro video era de un sobrevuelo que hizo un capitán que el señor Londoño se encontró en San José del Guaviare, en esa grabación sonaban las balizas de la avioneta. Yo, analizando esa señal, concluí que el avión no pasó el Apaporis, y que estábamos buscando donde no era.

La visión panorámica que los indígenas tenían de la zona les indicaba que estaban explorando la orilla equivocada. El caprichoso cauce del Apaporis tiende a hacer confusos los mapas y aproximativas las indicaciones. Dentro del grupo de rescatistas indígenas había uno llamado también Andrés que agregaba a su conocimiento de la región una formación especial: era cartógrafo.

Algunos colonos blancos —en realidad mestizos— desestiman el conocimiento indígena. Los problemas iniciales de la búsqueda sacaron a flote siglos de prejuicios pero también la rara oportunidad de superarlos por cuenta de una labor humanitaria. Los roces —que ya eran evidentes entre civiles— amenazaron con escalar a un nuevo nivel con la llegada de los militares. Los uniformes y la gente armada no han sido tradicionalmente un presagio de buenas noticias para los indígenas.

Un teniente de la Compañía Buitre señaló:

—Cuando nos encontramos con los indígenas hay que resaltar que las relaciones no eran las mejores, por muchos motivos a lo largo de la historia, pero esos detalles fueron quedando atrás porque nos unimos con un solo fin que era encontrar a nuestros niños. Teníamos un solo objetivo y eso une a los pueblos.

El Comando Conjunto de Operaciones Especiales reúne a los militares mejor entrenados de Colombia en tácticas de guerra irregular. Hay miembros de la marina, la aviación y el ejército. Son el equivalente a los Navy Seals de Estados Unidos y sus tareas son las propias de una unidad de Fuerzas Especiales. Ellos están preparados para efectuar operaciones relámpago contra grupos armados o para golpear objetivos de alto valor estratégico: llegar, copar y salir.

De acuerdo con la bitácora de la operación de búsqueda del avión extraviado, el domingo 7 de mayo aparecieron los primeros militares descolgándose por sogas desde helicópteros: "La Fuerza Aérea y el Ejército Nacional realizan la inserción de 60 hombres por *rappel* [descenso rápido por una cuerda, en este caso desde un helicóptero] de un Grupo Élite de Fuerzas Especiales para realizar barrido en la zona, recorriéndola durante seis horas seguidas sin resultados positivos".

Algunos militares que son indígenas, o tienen cerca un antepasado, pueden entender la diferencia en la forma de ver el mundo. Otros perciben el conocimiento ancestral como una manifestación pagana, como brujería, o en el mejor de los casos como supersticiones sin fundamento.

Así se puede advertir en esta declaración de un sargento de las Fuerzas Especiales:

—Los indígenas tienen sus costumbres y se las respetamos. Nosotros, los comandos, somos creyentes de Dios. Puede ser que en el avance en algún momento se pierda el rumbo, pero eso es normal, uno tiene los elementos, tiene una brújula, un *GPS*, se vuelve a orientar, para eso está entrenado, esas son las capacidades diferenciales de nosotros. Todo lo que pasa es por Dios, nada es ajeno a él.

Al comienzo las tensiones eran muchas: entre blancos e indígenas, entre civiles y militares y entre diferentes instituciones. El Cuerpo de Bomberos de Bogotá, por ejemplo, envió un helicóptero para ampliar las labores de búsqueda, pero, según la bitácora del 13 de mayo, el piloto no siempre acataba las órdenes: "De acuerdo con las condiciones climáticas adversas se le advierte al capitán del helicóptero, pero sin tomar las debidas precauciones decide salir, llevando de vuelo más o menos entre 70 y 80 millas hacia adentro y regresando, perdiendo aproximadamente una hora y 10 minutos de vuelo y de combustible".

Los choques burocráticos repercutieron en la búsqueda y en el uso de los recursos para el rescate, de acuerdo con la bitácora:

"La Defensa Civil del Caquetá inicialmente no informó que prestaría su ayuda con personas capacitadas para la búsqueda y una lancha con motor de 40 hp, y luego desiste de su ayuda, no entendemos por qué lo hicieron ya que tenemos algunos audios donde nos confirman y luego nos dicen que al parecer incide en algo la Defensa Civil del Meta de lo cual no estaríamos muy seguros".

Al mismo tiempo, muchos socorristas empezaron a pasar necesidades por falta de provisiones o a enfermarse, así quedó registrado en el libro diario del rescate: "Nos suministra información el señor Andrés donde nos dice que la mayoría de las personas enviadas por la compañía tienen síntomas de dengue, que tienen tos y dolor de cabeza".

Los equipos de rescate empezaron a diezmarse: "De igual forma nos informan que una de las personas de la región que está ayudando en la búsqueda se enfermó y debemos retirarla de la zona, se envía una tercera lancha desde Mitú a recogerla y en esa misma lancha se ingresan víveres, alimentos, hidratación, combustible, entre otros, para la supervivencia de las personas que están en la zona".

La operación humanitaria más exitosa de la historia de Colombia arrancó siendo un completo caos. Sin embargo, el caso fue ganando atención internacional y pronto alcanzó las primeras páginas de *The New York Times* y *The Washington Post*. Súbitamente, la omnipresente Google ofreció sumarse a la búsqueda. El informe del día a día de la aerolínea registra el 11 de mayo: "Google nos contacta y nos informa que se quiere unir a estos esfuerzos, prestando búsqueda satelital del avión, solicita información de la compañía, enviamos fotos de la aeronave, dimensiones de la misma para manejar logaritmos en el sistema y empezar a buscar el avión satelitalmente sin ningún cobro".

No fueron la tecnología de punta de Google, ni la inteligencia artificial, ni el alto entrenamiento de las Fuerzas Especiales los que encontraron al avión. El responsable del hallazgo fue un niño indígena piratapuyo de catorce años, como lo cuenta Henry Guerrero Fumoraque:

—Alejandro gritó a un compañero que estaba con él, Harby Hernández, que había encontrado algo. Le dijo "Aquí hay una casa en el monte", pero era la avioneta. Sí y era azul. Él nunca había visto una avioneta. Se crio netamente en la selva. Alejandro fue el que encontró la avioneta y tiene catorce años.

El niño indígena describió detalladamente "la casa" rota en pedazos y dijo además que olía mal. Sin duda era el Cessna.

Poco después las Fuerzas Especiales, al mando de un capitán, llegaron hasta donde estaba la aeronave caída. Era imposible verla desde el aire o desde el espacio, como creían en Silicon Valley. Las ramas de los árboles se habían cerrado sobre ella como si se hubiera deslizado por un agujero hecho a la medida en el Amazonas, sin romper una rama. Así lo recuerda el oficial:

—Me acerco a la avioneta, pongo mi dispositivo de seguridad, nos sorprendimos porque en nuestros registros teníamos la percepción de que había roto árboles, y no fue así, la avioneta entró por un huequito de nada y no partió nada. Desafortunadamente ahí estaban los tres cadáveres.

Estaban los cuerpos de los tres adultos: el piloto Hernando Murcia, el líder indígena Herman Mendoza y la señora Magali Muyui, madre de los cuatro niños, pero de ellos no había la menor señal. El fuselaje no se había roto, así que no era probable que hubieran salido expulsados por el impacto. Tampoco estaban debajo del aparato. Podrían haber soportado el impacto pero era casi imposible que sobrevivieran solos en la selva y con una bebé de once meses.

Los militares y los indígenas peinaron la zona buscando los cuerpos de los pequeños. En ese punto era más fácil suponerlos muertos. Pero gracias a Wilson, un perro rastreador, encontraron algo que los puso a soñar: un biberón, una botella de leche vacía de la bebé. El tetero estaba a 500 metros del lugar donde hallaron los restos del Cessna: ¿había caído desde el aire cuando el avión se precipitaba?, ¿había salido expulsado del aparato al golpearse con la tierra? Un oficial de las Fuerzas Especiales comentó el hallazgo:

—Ese tetero lo encontramos el 15 de mayo en la mañana. Analizamos los árboles, analizamos la altura en la que iba más o menos la avioneta, que fue entre 2.000 y 2.500 pies, y nos preguntábamos si la avioneta había pasado por aquí dando vueltas, y tal vez el tetero cayó, pero se hubiera roto, sin embargo, estaba en perfecto estado.

Los rescatistas recibieron la señal con optimismo. Definitivamente los niños podían estar vivos. La bitácora de la búsqueda apunta: "Las tropas del Ejército Nacional siguen caminando bajo otras coordenadas suministradas por el PMU, y se encuentran un biberón, el cual en comunicación con la abuela de los niños nos dice que es el del bebé de once meses, por lo cual nos llena de esperanza".

Mientras tanto Henry Guerrero Fumoraque estaba sumido en la tristeza porque creía que todos habían muerto. A través de un teléfono satelital llamó a una prima de Herman Mendoza para comunicarle la terrible noticia:

—El día que encontramos la avioneta yo fui la persona que primero llamó a nivel nacional —recuerda—. Tenía un satelital y la primera persona a la que llamé fue la profesora Natalia, porque ella era prima del finado Herman Mendoza. Me decían que llamáramos a Diana, hermana del finado, y llamé mejor a Natalia y le dijimos que no había sobrevivientes.

Esa fue la información que llegó a Villavicencio. En la bitácora de la aerolínea aparece en estos términos: "El grupo que se trasladó desde Araracuara (Opiac), informa a través de la señora Diana Mendoza (hermana del señor Herman Mendoza), la cual se encontraba en el PMU (Puesto de Mando Unificado) cuando recibe una llamada de la comunidad de Araracuara donde le informan que encontraron la aeronave con sus ocupantes todos fallecidos".

Guerrero Fumoraque acabó de transmitir la novedad por el satelital y de repente supo que esa tragedia tenía también un lado esperanzador. Fue cuando Requeñeque, como llaman al indígena Néstor Andoque, encontró maletas, ropa regada, una prenda con manchas de sangre y no vio los cuerpos de los niños. Podían estar vivos. Después de tantos días de búsqueda habían encontrado el avión, pero la misión apenas empezaba.

Los militares escépticos —que no eran todos, pero sí eran muchos— empezaron a considerar que quizás alguna razón podían tener los indígenas cuando hablaban de los espíritus y las fuerzas invisibles de la selva, como lo reconoce un capitán de las Fuerzas Especiales:

—Ahí comienza la primera conexión con la comunidad indígena del Araracuara, el señor Arsenio me dice "Capitán, yo sabía que mi señora ha muerto y los niños están vivos"... Me sorprendió. Cómo sabe que la señora había muerto si él no tenía comunicación. Él me dice "Capitán, ¿me regala una llamada, por favor? Voy a llamar para que nos orienten para encontrar a los niños", ahí empieza el enlace de los indígenas con los militares. Le presto mi teléfono satelital y llamamos a una señora que se llama Jeimmy, una vidente, no sé de qué parte es.

Sin embargo, a esa hora, a Villavicencio no llegaba aún la paradójica buena nueva: no había prueba de que los niños estuvieran muertos, solo desaparecidos. El informe deja ver la frustración: "Hasta este momento las 5:00 p. m. la información no es verídica, tratamos de comunicarnos con las personas que encontraron la aeronave, pero fue imposible durante toda la noche. Se le comunica a la Fuerza Pública la información dada por el grupo de Araracuara y se les da las coordenadas para que ellos vayan a revisar. Efectivamente encuentran la aeronave sobre las 10:00 p. m., nos informan que solo veían al piloto, que presumen que es el piloto ya que estaba irreconocible, además de estar lloviendo demasiado y de encontrar el avión en muy mal estado para su reconocimiento".

Esas eran las informaciones a las que tenía acceso a esa hora Rogelio Muyui, el abuelo materno de los niños. Esa noche aceptó con tristeza la muerte de su hija pero sostuvo con obstinación que sus nietos seguían vivos. Las circunstancias empezarían a darle la razón al día siguiente.

5

LO QUE DICEN LAS LATAS

Con la luz del día todo fue más claro. Alejandro, el niño indígena piratapuyo que descubrió el avión sin saber lo que era, encontró excremento de mono sobre el fuselaje. Eran churucos, o lanudos como también los llaman. Los monos churucos que habitan las copas de esos árboles lanzan sus heces contra otras criaturas en movimiento, nunca contra un objetivo estático. El niño jamás había visto un avión, pero como baquiano de selva sabía perfectamente que algo debió moverse dentro, o al menos cerca de esas latas, porque de lo contrario los primates no lo habrían cubierto con su olorosa lluvia. Solo lo hacen para proteger la huida de la manada ante la presencia de un posible depredador. Cabía la posibilidad de que se tratara de un animal carroñero pero también podía ser que alguien hubiera salido de los restos del Cessna.

Militares e indígenas examinaron el habitáculo del pequeño avión y se percataron de que había quedado parado con la nariz enterrada en el follaje. El motor y la hélice estaban a ocho metros de distancia. La fuerza del choque la había sufrido especialmente la parte de adelante, donde se sienta el piloto y quien va a su lado. Ahí estaban los cuerpos del capitán Hernando Murcia y del líder huitoto Herman Mendoza. Se habían incrustado en el tablero de instrumentos.

Magali, quien viajó detrás del capitán, también se había golpeado de manera mortal aparentemente en la cabeza. Su columna vertebral había quedado aprisionada por la silla de atrás, que parecía habérsele venido encima. El puesto del lado, en el que viajaba Loly, estaba en su sitio, pero sobre la pared del avión había un rastro de sangre. Era una mancha, no parecía el resultado de una hemorragia masiva.

—La avioneta cayó como un plomo, por eso no dejó ni una rama partida, el motor se despegó y cayó como a 10 metros, el avión cayó sin motor. A los niños los salvó que las sillas eran acolchonadas —opinó el dirigente huitoto Henry Guerrero Fumoraque.

Algo parecido dijo un capitán de las Fuerzas Especiales:

—Pienso que en el impacto de la avioneta los niños iban en la parte de atrás. Las sillas de atrás están intactas.

Ninguno de ellos era experto en accidentes aéreos, pero tenían dos poderosas razones para creer que los niños estaban vivos: no había cuerpos y habían encontrado, mejor dicho, un perro rastreador había encontrado, el biberón de la bebé. La botellita de plástico transparente con manijas y soporte de color rosa estaba vacía y lavada. Tenía las marcas de los diminutos dientes de la bebé Antonia. El tetero solo podía venir de ellos porque fue encontrado en un sitio jamás pisado por el ser humano y al que a nadie se le ocurriría llevar un bebé.

Cuando se descartó que hubiera caído desde el avión, la primera hipótesis señaló que posiblemente había sido arrastrado por un arroyo cuando trataban de lavarlo y después el agua lluvia lo pudo llevar hasta el lugar donde el perro lo encontró. Otra teoría señalaba que sencillamente se les había caído en medio de la travesía. Faustina Plasencia, la abuela, reconoció el biberón porque lo vio la última vez que Magali y sus hijos fueron a visitarla. En cualquiera de los escenarios se asumía como un hecho la supervivencia de los niños. Además, hallaron rastros de que alguien había abierto una maleta y cortado algunas prendas de vestir, posiblemente para hacer vendajes. No había teléfonos celulares, ni pañales para la bebé.

El registro de la operación de búsqueda de la aeronave, ese martes 16 de mayo, no reflejaba optimismo: "Siendo hoy las 6:00 a. m., las tropas del Ejército Nacional nos confirman que efectivamente sí es el capitán Hernando Murcia el que se encontraba en el avión. A las 8:30 a. m. nos confirma el grupo de Acaricuara que ellos no se llevaron los cuerpos que siguen en el avión. Las tropas siguen haciendo reconocimiento al avión y encuentran dos cuerpos más de personas adultas, se presume que son el de la señora Magali y el del señor Hernán Mendoza [sic]. Durante el transcurso del día la tropa ha tratado de sacar los cuerpos, pero les ha sido imposible ya que se encuentran en un alto grado de descomposición y por la forma en la que queda el avión. Las tropas esperan la llegada de Fiscalía o CTI, para realizar la labor del levantamiento de los cuerpos".

La atención estaba puesta en las víctimas mortales, las menciones sobre la posible supervivencia de los niños eran escasas, ambiguas y poco optimistas. Las condiciones en las que quedó el avión no auguraban mucho y las posibilidades de que cuatro niños pudieran sobrevivir en el Amazonas resultaban remotas para quienes habían coordinado desde Villavicencio la búsqueda de la aeronave: "Por otra parte, las tropas siguen barriendo la zona de acuerdo con la ubicación de la aeronave y al biberón encontrado. Hasta las 5:25 p. m. no se tiene información de los otros menores".

Las largas jornadas de búsqueda tuvieron consecuencias contrarias en el ánimo de los socorristas. Se exacerbaron las tensiones entre las diferentes autoridades civiles, los uniformados y los representantes de la aerolínea. Pese a esto, los rescatistas indígenas se habían ganado el respeto de todos por su abnegación, que los llevaba a persistir en la tarea pasando a veces jornadas enteras sin probar bocado, por su experiencia en el terreno pero sobre todo por su conocimiento sobrenatural de las fuerzas de la selva.

Andrés Londoño, el maquinista blanco, que se había encontrado con los voluntarios indígenas en una situación inicialmente tirante, envió un relato de los días transcurridos hasta el hallazgo del avión siniestrado en el que agradece el papel de las comunidades en las labores: "A los de la comunidad de Buenos Aires, al sabedor Héctor que desde un principio no dudó en ir al área del accidente, su capitán Maximiliano y el auxiliar de enfermería de HSM por apoyar por la radiofonía, a mis amigos de Cachiporro: Mandu, capitán de Cachiporro, Santiago, Pedro, Dumar, Oscar, María y varios amigos del alto Apaporis que desde el 1.° de mayo hasta la fecha no han desfallecido. A todos ellos mi admiración total, creemos y nuestra fe puesta en Dios y el conocimiento ancestral de los pueblos indígenas que los cuatro niños son esperanza de vida. Guerreros todos".

Los investigadores de la Aerocivil que tienen la misión de establecer técnicamente las causas del accidente del avión llegaron hasta Calamar, Guaviare, y de ahí fueron transportados en helicópteros de la Fuerza Aérea y del Ejército hasta "La Hache", un helipuerto improvisado a 1.200 metros del lugar donde cayó el Cessna. Recorrer esa distancia les tomó 45 minutos caminando, guiados por los hombres de las Fuerzas Especiales.

El informe preliminar registra elementos reveladores sobre lo que pudo haber pasado en esos minutos finales del siniestro. Un gráfico muestra, por ejemplo, que el bosque en el que cayó el pequeño avión tenía árboles de diferentes alturas: guamos que pueden alcanzar hasta 50 metros al lado de caimarones de 30. Ese desnivel fue una trampa mortal. El avión no avanzó sobre copas de elevación similar, sino que cayó en un hueco al llegar a los árboles más bajos.

Los investigadores afirman que por ese primer golpe se le desprendieron el motor, la cubierta y la hélice: "El motor se encontró separado de los restos principales de la aeronave, hacia el lado izquierdo, a una distancia de 7,57 m".

Unos metros después el Cessna se precipitó de nariz hasta el piso, sin causar daño a la vegetación. Las ramas no atenuaron su caída. Los rayones en el fuselaje son mínimos: "La aeronave se encontró en posición vertical con evidente impacto frontal y características de alto ángulo de impacto y baja velocidad".

El habitáculo del Cessna no quedó aplastado, esa característica favorece la teoría de que los adultos murieron instantáneamente en el golpe contra la tierra y no por aprisionamiento en el fuselaje: "La sección de cabina principal no presentó reducción significativa de espacio ocupacional; sin embargo, la sección frontal sufrió la principal afectación y gran daño estructural, pues en ella ocurrió una alta disipación de energía".

Es decir, las dos primeras filas, donde iban sentados el piloto Hernando Murcia y el líder huitoto Herman Mendoza, fueron las más afectadas por el golpe: "Registró lesiones mortales en los ocupantes ubicados en las posiciones 1 (Piloto), 2 (ocupante adulto sexo masculino) y 3 (ocupante adulto sexo femenino)".

Magali estaba sentada detrás del capitán y llevaba en sus brazos a Antonia, de once meses. El análisis señala "La silla del ocupante posición 3 presentó desprendimiento de los rieles de la estructura de la aeronave. La investigación se encuentra en espera de los hallazgos forenses para determinar la causa de muerte de los ocupantes".

El puesto de al lado, que era el de Loly, no se soltó del piso de la aeronave: "La silla N.° 4 se encontró en posición recta, normal sin inclinación ni desprendimiento". Esto quiere decir que, a pesar del fuerte impacto, el asiento de Loly se mantuvo en su lugar. A su supervivencia ayudó también que la silla que estaba detrás de ella, en la que viajaban Sonia o Toto, también se mantuvo en su sitio y no la golpeó en la espalda: "La silla N.° 6 se encontró en posición recta, con inclinación hacia adelante, sin desprendimiento de la estructura".

En cambio el asiento 5, que ocupaba la niña de nueve años o su hermano de cuatro, se fue hacia adelante y probablemente golpeó la columna vertebral de Magali Muyui: "La silla N.° 5 se encontró con su espaldar inclinado, con desprendimiento de los rieles de la estructura de la aeronave".

A partir de los restos, los investigadores concluyeron que los sobrevivientes habían salido de las golpeadas latas del avión usando la puerta del piloto: "La evidencia disponible preliminar indica que una posible evacuación de la aeronave se realizó por la parte frontal izquierda, a través de la puerta de la posición del piloto al mando".

La investigación dejó sin sustento las especulaciones que mencionaban como posible causa del accidente un golpe en la hélice cuando intentaba despegar de la pista de Araracuara. Los investigadores encontraron que "las palas de la hélice no presentaban deformaciones en sus puntas, ni golpes, ni daños".

El estado de funcionamiento del motor no quedó establecido en el informe preliminar. Los investigadores acudieron a sus homólogos de la National Transportation Safety Board (NTSB), de Estados Unidos, porque fue en ese país donde se fabricaron el motor y la hélice que habían sido reemplazados después del accidente de 2021. Según voceros de la aerolínea llevaban volando menos de 60 días y, de acuerdo con los documentos de seguridad, su funcionamiento fue inspeccionado el 21 de abril, diez días antes del accidente.

Las alas del avión reconstruido tampoco fallaron: "Se verificó la integridad de los controles de alerones y *flaps*, sin encontrar anomalías o falla en su funcionamiento". El timón de la aeronave, los elevadores y el estabilizador vertical también estaban en perfectas condiciones.

El capitán Hernando Murcia tenía sus documentos, exámenes de capacidad y certificados médicos al día. Había aprobado exámenes de destreza y conocimiento del aparato.

El día del accidente el clima era óptimo: "Condiciones de viento en calma, con visibilidad mayor a 10 km, nubes fragmentadas a 6.000 pies AGL, temperatura ambiente de 26 grados centígrados, y temperatura de rocío 25 grados centígrados".

La gran incógnita se centra en el motor y en las condiciones de reparación del avión después del accidente de 2021. Los investigadores removieron los restos de la máquina y la hélice del lugar del siniestro y recomendaron inspeccionarlos técnicamente.

Arsenio Revoque esposo de Magali Muyui y padre de los niños Toto y Antonia, presentó una demanda civil contra la empresa Avianline Charter's SAS. Pide 1.450.000.000 de pesos colombianos, un poco más de 360.000 dólares, y que la empresa ofrezca excusas públicamente por su responsabilidad en el siniestro.

6

UN GENERAL
MUY PARTICULAR

Pedro Arnulfo Sánchez era un niño campesino que arrojaba avioncitos de papel desde una roca en la meseta de El Espigón, en Boyacá. Tratando de que volaran cada vez más lejos mejoró su técnica de armada y aprendió empíricamente las reglas de la aerodinámica. Doblar simétricamente el papel y ejercitarse en el estudio de la dirección del viento lo convirtieron en un maestro de vuelo en un lugar donde no había aeropuerto.

Pedro llevaba el nombre de su papá, Pedro Abel Sánchez Galvis, quien solo pudo estudiar hasta tercero elemental pero cuyo tesón fue suficiente para sacar adelante a sus cinco hijos. Empezó en la adolescencia trabajando como ayudante de albañilería y arreglatodo. Sus habilidades y buena disposición fueron creando un prestigio que corrió de boca en boca por la región. Lo empezaron a llamar para que participara en construcciones más exigentes. Sus ingresos mejoraron pero no tanto.

Ya empezaba a ser reconocido como maestro de obra cuando se enamoró de Edelmira Suárez Ruiz, que era una joven con una educación muy destacada para la época. Había ido a la Escuela Normal de Señoritas a formarse como maestra. Todo indica que la familia de ella no veía con buenos ojos al sencillo pretendiente porque terminaron casándose "a escondidas", como llamaban entonces a los matrimonios no aprobados por los padres de la novia.

Para que arrancaran su nueva vida el cura párroco del pueblo, Anatolio Jiménez Soler, les regaló a los recién casados un lote en la salida a la vereda Cabuyal. A cuatro manos levantaron una construcción de una sola planta dividida en un local comercial y una pequeña vivienda para la familia que vendría. Ella se despertaba a las cinco de la mañana, se vestía impecablemente y caminaba una hora hasta la escuela de la vereda Río de Arriba para enseñar a niños de los tres primeros niveles de primaria reunidos en un solo salón. Una antigua alumna recuerda a la profesora Edelmira por su hermosa letra dibujada en el tablero y por la capacidad que tenía para concentrarse en tres clases distintas y simultáneas sin perder de vista la necesidad de cada estudiante.

Mientras ella daba clases, su esposo atendía la tienda de abarrotes que abrieron y que se llamó Almacén Las Tres Esquinas. Pedro Abel tenía en la pared un letrero que decía "No fío" pero la realidad era bien distinta. Le vendía a crédito a todo el que lo necesitaba confiando únicamente en la palabra y en la nota en un cuaderno escolar. Casi siempre los vecinos le pagaron y le agradecieron porque el plazo les permitía llegar a fin de mes.

La familia fue creciendo, también la casa y el negocio. Los hijos fueron cinco, a la casa le salió un segundo piso y después un tercero.

—Recuerdo esa infancia como uno de los periodos más hermosos de mi vida —asegura el general Pedro Sánchez—. En ella recibí el amor incondicional de nuestra madre, esa paciencia, esa prudencia, y de mi padre ese empeño por lograr lo que se propone. También recuerdo que desde pequeños ayudábamos en la tienda, en los trabajos que había que hacer.

Gracias a los esfuerzos de la familia, Las Tres Esquinas se convirtió en la tienda más próspera de la región de Boavita.

Boavita, en el norte de Boyacá, en los límites con Santander, ha sido un pueblo aislado desde la época de la Colonia. Antes de la llegada de los conquistadores españoles estaba poblado por los indígenas guanes que opusieron resistencia fiera a los europeos. La tribu fue diezmada y la mayoría de los sobrevivientes terminaron trabajando como esclavos en las minas de oro, en el siglo XVI. Muchos de los campesinos que hoy cultivan papa, arracacha y garbanzos descienden de estos indígenas esclavizados.

También Boavita fue el sitio donde el gobierno conservador reclutó a los más temidos asesinos de los años cincuenta del siglo XX. Eran conocidos como *los chulavitas* por el nombre de la vereda de la que provenían decenas de ellos. Los chulavitas son tristemente célebres por su crueldad, por las torturas que aplicaban a sus víctimas y por la sevicia con la que mataban a los liberales. Se calcula que 300.000 colombianos murieron por el enfrentamiento entre liberales y conservadores durante ese periodo conocido como "la Violencia" que algunos historiadores ubican entre 1946 y 1958[2].

Sin embargo, la Boavita que vio crecer a Pedro Arnulfo Sánchez era ya un lugar apacible, aunque con muchos recuerdos frescos de "la Violencia". Un pueblo de un poco más de 2.000 habitantes aislado en las montañas, muy lejos del mar y aún más de la selva. Una localidad agrícola de sierra donde se sobrevivía pero no había gran futuro para sus jóvenes.

Pedro Arnulfo, el tercer hijo, tenía ganas de aprender y de conocer el mundo más allá de esas montañas. Tal vez la inquietud empezó cuando don Pedro Abel compró un bus de segunda mano para mejorar los ingresos familiares. El papá manejaba por las polvorientas carreteras mientras el niño oficiaba de ayudante. Agarrado de una manija con la mano izquierda, con un pie en la escalera y el otro colgando por fuera del bus, anunciaba a voz en cuello la ruta:

—¡Guavita, La Uvita, San Mateo, El Espino! ¡Con puestos!

Luego, cuando los pasajeros se sentaban, el pequeño ayudante iba a cobrarles el pasaje.

Su hermano mayor, Édgar Orlando, estaba en la Escuela de Suboficiales de la Fuerza Aérea y un pariente de su mamá había llegado al grado de coronel de aviación.

—Estaba jugando voleibol sin camisa en el parque, y llegó un primo de mi mamá que es coronel de la Fuerza Aérea, el coronel Jorge Suárez Medina. Mi mamá me llamó y el coronel me saludó.

2   Orlando Fals Borda, Germán Guzmán Campos y Eduardo Umaña Luna. *La Violencia en Colombia*. Bogotá: Taurus, 1976.

—¿A usted le gustaría entrar a la Fuerza Aérea?

—Claro, claro que sí —respondió el joven Pedro Arnulfo más por timidez que por convicción.

Culminó su educación secundaria en el Instituto Técnico Industrial Nacionalizado Mariscal Sucre. Para la época en la que Pedro Arnulfo estudiaba ahí, terminar la escuela secundaria significaba la finalización de la vida académica para casi todos los alumnos. Salían de la secundaria a ganarse la vida con sus conocimientos en electricidad o electromecánica.

Unos cuantos querían ir a una universidad que estaba en Tunja o en Bucaramanga, pero Pedro Arnulfo, que recibió su diploma de secundaria como "Técnico en metalistería", es decir, experto en soldadura, quería ser aviador.

La Escuela Militar de Aviación Marco Fidel Suárez era el sueño de muchos jóvenes colombianos que anhelaban ser pilotos. Quedaba al otro lado del país, en Cali, que es la principal ciudad de la zona pacífica. En 1989, cuando Pedro Arnulfo se postuló, se presentaron 2.000 aspirantes para 156 cupos. Muchos venían de escuelas bilingües para buscar una oportunidad en una carrera donde el inglés es esencial. Él tenía un nivel casi nulo pero no se dio por vencido. Estudiaba día y noche en unas pequeñas tarjetas, las memofichas, que contenían reglas básicas de la gramática inglesa y algunas indicaciones castellanizadas de pronunciación.

—Veía cómo los compañeros hablaban que habían estudiado en tal colegio, venían de Estados Unidos, sabían hablar inglés. Yo sacaba las memofichas, para estudiar y para repasar; y entonces leía una y otra vez la conjugación del verbo *to be*, a ver si me lo podía aprender y al menos responder eso.

Esa dedicación indoblegable logró la meta. Con calificaciones destacadas en todas las demás áreas, y apenas un 28 por ciento de suficiencia en inglés, fue admitido y se convirtió en cadete de la Escuela Militar de Aviación. Por eso tuvo que decirle adiós a Boavita y a los suyos.

—Cuando mi mamá se despidió de mí me dijo: "Mijo, yo no voy a llorar porque llorar es de mala suerte" —recuerda el general Sánchez al borde del llanto—, luego mi papá, un boyacense de carácter muy fuerte, se despidió de mí y lo único que vi en sus ojos fue agua, agua de amor y agua de suerte. Cuando me llevó al bus, yo iba con una caja con la ropa y con una gallina. Ahí comenzó la aventura. La primera vez que monté en un avión fue para ir a Cali.

Aprendió a volar aviones y helicópteros, que han sido su especialidad. Empezó como copiloto de UH1H y 30 años después había operado cada uno de los modelos que ha tenido la Fuerza Aérea Colombiana. Al lado de los conocimientos técnicos cursó materias teóricas como las del pénsum en pensamiento estratégico y perspectiva en la Universidad Externado de Colombia. Además, recibió formación en idiomas y terminó estudiando y obteniendo buenas notas y diplomas en el otrora temido inglés: un magíster en estudios estratégicos en la Universidad de la Fuerza Aérea de Estados Unidos.

De los 156 cadetes que empezaron con él, solo tres alcanzaron el grado de general. Más de una vez, Pedro Arnulfo Sánchez ha estado al borde de la muerte. Una bala de fusil marcó su casco de piloto y estuvo a milímetros de matarlo cuando, en medio de un combate, entró por el piso del helicóptero Huey que comandaba.

También ha tenido que tomar decisiones sobre la vida de personas. Una de esas ocasiones tuvo lugar en 2002 durante un asalto de la hoy desmovilizada guerrilla de las Farc contra la población de Belalcázar, Cauca. Piloteaba un helicóptero artillado Arpía equipado con ametralladoras punto 50 y cañones de 20 milímetros. Cuando llegó a la zona de guerra ya aviones Mirage, Kfir y un AC-47 habían entrado en combate. El helicóptero al mando del entonces capitán Sánchez tenía cinco artilleros a bordo, podía descender y hacer disparos de precisión contra la guerrilla que supuestamente huía después del primer ataque aéreo. El AC-47 conocido como el avión fantasma observaba a través de dispositivos *FLIR* el repliegue de los guerrilleros y se comunicó con el helicóptero:

—Arpía, arpía, ¿alcanza a ver ese camión?

—Lo veo, cabina blanca carpa café, confirmado —respondió Sánchez.

—Está repleto de guerrilleros. Abra fuego antes de que huyan.

Pedro Arnulfo Sánchez inició una maniobra para rodear el camión. Ordenó a sus hombres disparar las ametralladoras lejos del blanco a manera de advertencia para que detuviera su marcha pero, al contrario de lo que esperaba, el vehículo aceleró.

—Sí ve, ahí van —reafirmó el avión fantasma.

—No veo el objetivo militar —contestó Sánchez.

Los sistemas electroópticos del helicóptero no ratificaban lo que decía el fantasma. Sánchez sobrevoló el camión en círculo y se puso justo al frente de la cabina en un típico ángulo de tiro. Podía usar el lanzacohetes y en unos segundos habría desaparecido. Tampoco esta vez el vehículo se detuvo, volvió a acelerar.

—Fantasma, ¿usted tiene identificado el objetivo militar?

—Sí, plenamente.

—Yo no. Me retiro para que proceda a discreción.

El avión fantasma tampoco disparó. Ese mismo día se supo que, como lo indicaban los detectores de calor, no había nadie en la parte de atrás. En la cabina viajaban cuatro asustados miembros del Comité Internacional de la Cruz Roja que aceleraban para tratar de escapar del fuego cruzado. La guerrilla perdió 70 hombres en ese combate, pero él estaba feliz por los disparos que no hizo.

—Si tiene dudas, piense que es ilegal —comentó el general Sánchez, parafraseando el manual de procedimiento.

Semanas después las Fuerzas Militares incautaron un video hecho por la guerrilla durante el combate. Allí se ve el helicóptero Arpía en vuelo estático, muy posiblemente cuando él tuvo al camión en ángulo de tiro frontal. La grabación muestra a un guerrillero armado con una poderosa ametralladora M60 que advierte un blanco fácil en el helicóptero suspendido en el aire; en el momento en que le apunta, la nave se mueve de la posición y se aleja. Solo al ver esa imagen, Sánchez supo que cuando decidió no disparar contra el camión salvó no solo la vida de esos cuatro civiles, sino también la suya y la de los seis miembros de su tripulación.

La aviación le ha dado satisfacciones, pero también le ha arrancado lágrimas. Su hermano menor Luis Rodolfo siguió sus pasos en la Fuerza Aérea y se convirtió en piloto de aviones. En 2012 ya era teniente coronel cuando fue asignado como comandante de inteligencia aérea a uno de los grupos de combate. Estaba preparando una operación contra las Farc en el nudo del Paramillo cuando el helicóptero que lo transportaba —y que él no piloteaba— se accidentó. Murió junto con otras doce personas, siete eran integrantes de la Fuerza Aérea y seis de la Policía Nacional. El piloto, mayor Jorge Abel Cardona, dedicó sus últimos minutos a maniobrar para evitar caer sobre una zona poblada en Sabanagrande, Atlántico.

Unos meses antes de la operación de rescate de los niños del Amazonas, el general Pedro Arnulfo Sánchez fue puesto al frente del Comando Conjunto de Operaciones Especiales (CCOES). Los 4.000 hombres a su cargo son los encargados de ejecutar operaciones contra "objetivos de alto valor", es decir, los cabecillas de las guerrillas, el narcotráfico y los grupos paramilitares. Del CCOES dependen las unidades de Fuerzas Especiales del Ejército, la Armada y la Fuerza Aérea. Reúne la División de Fuerzas Especiales del Ejército, la Agrupación de Fuerzas Especiales Antiterroristas Urbanas, el Batallón de Fuerzas Especiales de Infantería de Marina de la Armada y el Grupo Especial de Operaciones de Defensa Aeronáutica. Varios generales que han estado al mando del CCOES han llegado a los más altos cargos en las Fuerzas Militares, por lo que se considera que es un puesto destinado a oficiales de gran proyección.

El general Pedro Arnulfo Sánchez, piloto de guerra con 7.000 horas de vuelo, jamás se imaginó que la misión más difícil de su vida tendría que cumplirla sin disparar un tiro. En mayo de este año recibió una orden del general Helder Fernán Giraldo, comandante general de las Fuerzas Militares: sus hombres debían encontrar un pequeño Cessna con siete ocupantes que había caído en la mitad de la selva del Amazonas y verificar si había sobrevivientes.

La misión, que era importante desde el primer momento, se volvió una prioridad nacional cuando empezaron a surgir las evidencias de que los cuatro niños habían sobrevivido.

Las Fuerzas Especiales del Ejército solo habían tenido un encargo similar y no tuvo un final feliz. En mayo de 2014 fue bombardeado el campamento de Julián Gallo, cabecilla de las Farc conocido con el alias de Carlos Antonio Lozada[3]. Con el propósito de judicializar los hallazgos y efectuar el levantamiento de los cadáveres de los caídos en la operación, dos agentes del Cuerpo Técnico de Investigaciones (CTI) de la Fiscalía debían estar en el terreno para cumplir las diligencias de rigor cuando la zona ya estuviera asegurada.

No había manera de aterrizar los helicópteros en el área. Por esa razón los investigadores judiciales debían descender, como lo hacen los soldados, descolgándose desde el aparato por soga rápida a una altura de 30 metros. Los hombres del CTI estaban entrenados para hacerlo. El primero de ellos lo logró pero cuando el segundo, llamado Andrés Felipe García, había empezado a bajar, el helicóptero tuvo que ascender abruptamente por una emergencia de combustible. García

3   Hoy Julián Gallo es senador de Colombia por el Partido Comunes, que agrupa a los miembros de las Farc que firmaron la paz en 2016 con el gobierno de Juan Manuel Santos.

perdió el equilibrio y su pierna quedó enredada en la cuerda. Siguiendo los protocolos de seguridad, García sacó su cuchillo de supervivencia, cortó la soga y cayó en medio de la manigua.

No lo encontraron en las coordenadas sobre las que volaba el helicóptero en el momento en que el agente se soltó. Casi 300 hombres de las Fuerzas Especiales y de la Fiscalía fueron asignados al rastreo. Hallaron su mochila y el fusil que portaba, pero a él no lo encontraron ni vivo ni muerto. García había hecho cursos avanzados de supervivencia en la selva y por eso pensaban que estaba perdido en la espesura. Después de meses de búsqueda hicieron un experimento para tratar de saber lo que había pasado con él: un helicóptero soltó un maniquí de características similares a las del agente para calcular la trayectoria de la caída. No descifraron nada.

Desesperado por la falta de resultados, a alguien se le ocurrió recurrir a las fuerzas del más allá. Contrató y llevó una vidente a la jungla, pero ella dijo que la vegetación era tan espesa que bloqueaba incluso su clarividencia. Después de un año de esfuerzos, un juez declaró a García legalmente muerto para que su familia pudiera recibir la compensación del gobierno.

Con este difícil antecedente, el general Pedro Arnulfo Sánchez llegó a ponerse al frente de la operación. Su mano derecha y el hombre que comandó en terreno las Fuerzas Especiales fue el general Yor Cotua y a su lado el coronel Fausto Avellaneda. Había diferencias sustanciales con el caso del agente del CTI. Primero, las personas que buscaban no habían recibido entrenamiento militar. Segundo, eran niños. Y, tercero, eran indígenas.

La Opiac había dispuesto que la Guardia Indígena y voluntarios de las diferentes etnias se pusieran al frente de la operación de búsqueda.

Indígenas y militares estaban condenados a ayudarse. En toda Colombia y en diferentes oportunidades los indígenas han sido víctimas de agentes del Estado, de paramilitares y de guerrillas. Las Farc en su momento —y las disidencias ahora— perpetraron masacres contra pueblos indígenas.

El Estado colombiano también ha cometido crímenes contra ellos, el más reciente que se recuerde tuvo lugar en marzo de 2022 en la vereda Alto Remanso, en Putumayo. Once personas murieron y fueron señaladas como guerrilleros que habían atacado al Ejército. Sin embargo, las cuentas no cuadraban, los muertos eran once pero las armas encontradas eran cinco y entre los asesinados por los militares estaba el gobernador indígena Pablo Panduro. Por estos hechos, la Fiscalía de Colombia imputó a 25 uniformados.

Consciente del largo historial de desconfianzas, el general Pedro Arnulfo Sánchez fue a presentarse ante los indígenas para iniciar la búsqueda conjunta. Mientras los militares hacían sonar sus botas para saludar en posición de firmes al alto oficial, los miembros de la Guardia Indígena alzaron la voz con su consigna:

—¡Guardia, guardia! ¡Fuerza, fuerza! ¿Hasta cuándo? ¡Hasta siempre!

El general empezó su mensaje dirigiéndose a los indígenas:

—Muchas gracias por estar aquí. Sabemos que ustedes conocen la madre selva mejor que nadie y que para venir a esta tarea de buena voluntad están dejando las labores con las que alimentan a sus familias. Les quiero decir que quien les habla es también un indígena, un mestizo como el 88 por ciento de los hombres de nuestras Fuerzas Armadas. Quien les habla es un descendiente de la tribu de los guanes y quiero pedirles, como indígena, que también soy, que nos permitan buscar a su lado a nuestros niños. Entre todos haremos realidad el milagro de encontrarlos.

—¿Usted es el mayor acá? —preguntó Jerson Vásquez, el coordinador de la Guardia Indígena, mientras un suboficial lo corregía diciendo "No, es mi general".

—Sí, soy el mayor —respondió el general Sánchez intuyendo que su interlocutor no se refería a su grado militar sino al hecho de ser la persona con más jerarquía en la otra comunidad y complementó—: Al igual que ustedes quiero hacer todo para encontrar a los niños, con la ayuda de Dios.

—*Dajm kan ino Buinaima* —se oyó una voz indígena.

La frase quiere decir "tenemos un solo padre creador".

Uno de los indígenas le ofreció al general Sánchez ambil, la mezcla de tabaco y sal sagrada para ellos. Él aceptó por cortesía, aguantó la respiración y se echó a la boca el amargo brebaje. Para los indígenas el gesto significaba mucho más que un acto de amabilidad. Tenía la fuerza de un pacto de sangre: "Todos tomamos del mismo frasquito y todos chupamos del mismo palito, porque somos nosotros la gente huitota"[4].

---

4   Lino Tagliani. *Mitología y cultura huitoto*. s. l.: Cicame, 1992.

7

WILSON, EL RASTREADOR

El biberón de la bebé que viajaba en la avioneta accidentada lo encontró Wilson en plena selva, Wilson no era un ser humano pero sí uno de los más activos rescatistas.

Entre los recursos que trajeron los hombres de las Fuerzas Especiales había cinco perros entrenados en rastreo y ubicación. Algunos saltaron a la fama cuando empezaron a salir en los reportajes sobre la Operación Esperanza, como la denominaron los militares. Dos se volvieron tendencia en las redes sociales: Ulises y Wilson. Este último fue el primero en ganarse el cariño de quienes seguían los detalles de la búsqueda.

Los reflectores se detuvieron sobre Wilson por un mensaje en Twitter de las Fuerzas Militares de Colombia: "Tras la intensa búsqueda con nuestro canino Wilson fue hallado un tetero, que pertenecería al bebé de once meses que viajaba a bordo de la aeronave, motivo que anima a nuestros comandos para continuar con esta labor y localizarlos".

Canino es el eufemismo latino con que en los comunicados oficiales se le hace el quite a *perro*, vieja palabra de origen incierto que es uno de los sustantivos más empleados en castellano desde tiempos medievales.

Años atrás el Ejército de Colombia había recibido la donación de cuarenta perros pastores belga *malinois* por parte de la fundación de Howard Buffett, el hijo del billonario Warren Buffett. Los perros venían para ser entrenados en labores humanitarias de ubicación y remoción de minas antipersona. Colombia es el sexto país del mundo en muertes y mutilaciones por el uso de estos explosivos. Las minas permanecen ocultas por años y matan o dejan sin piernas a quien las pisa. Hasta el 2017 se cuentan 11.481 víctimas colombianas de minas quiebrapatas[5].

Los pastores *malinois* entrenados ubican la carga explosiva con anterioridad, la señalan sentándose al lado de la trampa mortal y de esta manera salvan a los soldados que las desactivan. Esos perros habían mostrado su capacidad para detectar minas quiebrapatas en África y su presencia empezó a salvar vidas desde muy pronto en Colombia. De un año a otro las estadísticas de muerte bajaron en 25 por ciento y las de mutilaciones en casi 20 por ciento.

El prestigio de los pastores belga *malinois* como perros militares creció en las últimas décadas. Hoy son tenidos como

5   María Luisa Pinto *et al. La guerra escondida. Minas antipersonal y remanentes explosivos en Colombia*. Bogotá: Centro Nacional de Memoria Histórica y Fundación Prolongar, 2017.

los mejores para rastrear y ubicar objetivos humanos. De hecho, un ejemplar de esta raza llamado Cairo fue determinante en la operación de ubicación de Osama bin Laden en Abbottabad, Pakistán, en 2011.

Wilson es uno de los primeros descendientes de los ejemplares de la donación Buffett nacido en Colombia. Vio su primera luz en las frías montañas de Chiquinquirá, en Boyacá, donde funciona el centro de reproducción canino del Ejército. Cuando tenía apenas tres meses fue trasladado al Centro Canino de la Escuela de Ingenieros Militares para empezar su entrenamiento.

El cachorro mostró una inteligencia tan sorprendente y una velocidad tal que el suboficial que dirigía el entrenamiento lo sacó de los equipos rastreadores de minas para asignarlo a búsqueda y rescate. Su primera foto lo muestra con un pañuelo amarillo atado al cuello. Tenía tamaño mediano pero era fuerte como un toro, el pelo corto que le permitía adaptarse a cualquier clima, un olfato muy desarrollado para encontrar un objetivo y mezclaba en su comportamiento dosis precisas de lealtad e independencia. Era capaz de separarse de su entrenador para buscar un objetivo y a la vez señalarle un eventual peligro con tiempo suficiente para evitarlo.

La preparación de Wilson fue el equivalente perruno a la instrucción que imparte la mítica Escuela de Lanceros de Tolemaida, que se precia de entrenar a los mejores soldados en técnicas de guerra irregular: asalto aéreo, supervivencia en el agua y comando urbano. Wilson aprendió a deslizarse por una manila en un arnés o a ser descolgado de un helicóptero en vuelo sin alterarse ni ladrar. Le enseñaron a avanzar entre las piernas de su guía en medio de un combate y a cuidarle la espalda si alguien intentaba agredirlo mientras él estaba pendiente de otro blanco. Su exigente entrenamiento jamás le quitó la alegría, era incansable apostando carreras o recuperando la pelota.

Los entrenadores dicen que la formación de un comando canino debe ser asimilada por el animal como un juego. Cada acción debe ser reconocida y recompensada y tiene que crearse una relación indestructible con su comando humano. Al quinto mes, cuando era apenas un cachorro fue asignado como compañero de comando al soldado profesional Christian David Lara.

—Empezamos la relación mostrándole confianza, formando un vínculo para que en el momento de salir a trabajar al área de operaciones, él se sintiera confiado con lo que estuviera haciendo y con quien iría —recuerda con los ojos chispeantes de entusiasmo el soldado Lara—. Mi compañero Wilson, cuando uno le daba la orden de buscar, no descansaba hasta encontrar el objetivo. Era un ejemplar muy enérgico, muy dedicado a lo que él tenía que hacer, se enfocaba mucho en lo que iba y así cumplía su trabajo.

La instrucción duró otros nueve meses, terminó en febrero de 2023. Su primera misión consistió en buscar el avión caído y después a los niños sobrevivientes. Entendió muy rápido la tarea y la cumplió con disciplina y entusiasmo.

—Iba contento y a la vez confiado. Wilson y yo estábamos preparados, capacitados para esa misión. Le organicé todas las cosas a mi compañero como su arnés, su comida y sus medicamentos. Yo compartía mi equipo con Wilson, la mitad del equipo era mío y la otra mitad era de él. Llevábamos comida para mí y para él, para diez días, también un arnés con el agua de él, dos cantimploras, una para él y la otra para mí, además un juguete para darle ánimos, una pelotica.

Un perro militar no es una mascota. Tiene exigencias severas de disciplina y entrenamiento para afrontar adversidades. Sin embargo, Wilson era un animal cariñoso y sensible. Podía percibir si alguno de los rescatistas estaba enfermo o triste y le hacía sentir su solidaridad con movimientos de cola y ladridos alegres.

La primera pista que siguió Wilson fue el olor del piloto que percibió en una gorra del capitán Hernando Murcia enviada por su familia. Tratando de ubicar ese rastro, Wilson terminó encontrando algo distinto: el biberón de la pequeña Antonia.

—La pista clave que encontró Wilson fue un tetero —rememora emocionado el soldado Lara—. Lo felicité, lo motivé, le entregué su juguete por haber acertado algo que estábamos buscando.

Al día siguiente fue reportado el hallazgo de una fruta mordida. Se parecía a un maracuyá pero los indígenas lo llaman juansoco. Es dulce con un ligero toque ácido y calma la sed. De acuerdo con los baquianos es una de las frutas más refrescantes de esa zona de la selva. Los rescatistas que mejor conocían el área dijeron inmediatamente que era un fruto comestible pero difícil de recolectar porque crece en ramas altas y endebles. Además tiene una cáscara dura que no se abre fácilmente, sino que hay que golpearla con una herramienta o contra el piso. Sin embargo, había una explicación: por la copa de esos árboles se pasean los araguatos, los monos aulladores:

—Lo que es bueno para el araguato es bueno para la gente —sentenció uno de los indígenas para expresar que cualquier cosa que coman esos monos es apta para los humanos.

Seguramente la fruta se había caído o había sido arrojada por uno de los araguatos y el golpe había abierto la cáscara. Pero entonces surgió la duda sobre si había sido mordida por un mono o por uno de los niños:

—Mirando el maracuyá (como los militares llamaban al juansoco) verificamos que no hubiera sido comido por un animal, un mico —contó un capitán de la Compañía Buitre de las Fuerzas Especiales que tuvo en sus manos la fruta—. Tenía la mordida más grande, tenía totalmente la dentadura humana. Nos emocionamos más y dijimos aquí hay vida humana.

Poco después Ulises, otro de los perros rastreadores, avisó con alborozo a su guía que había encontrado algo más. Esta vez no había ningún margen de duda, ni de interpretación. Se trataba de unas pequeñas tijeras de empuñadura púrpura y punta redondeada como las que usan los niños para hacer trabajos manuales. Al lado se hallaban dos bandas de caucho para sujetarse el pelo:

—Ahí estaban las tijeras y las moñitas, ahí comienza a ponerse todo más emocionante —recuerda el capitán con alegría el momento en que empezó a sentir que ya estaban cerca de los niños—. Montábamos dispositivos de seguridad de 21 horas. Nos cambiábamos lo que llamamos pijamas, pañitos húmedos y nos acostábamos, y al otro día a las cuatro de la mañana, que iniciaba nuestro dispositivo, nos poníamos el camuflado mojado, las botas mojadas.

Wilson comía poco y dormía menos. Estaba muy ansioso. Su compañero de binomio, el soldado Lara, presentía que el animal estaba sobre el rastro de los pequeños.

—El perro tuvo una actitud diferente cuando hicimos un pequeño descanso, y él en ese momento tiraba en una sola dirección. Jaloneaba y jaloneaba, le di agua y no quiso, quería seguir trabajando. El perrito siguió ansioso porque tenía la referencia de la niña. Al día 10, en la noche, en medio de una tormenta el perro salió. Estábamos en el campamento.

Wilson tiró muy fuerte de la correa y se desprendió de ella. No atendió la llamada del militar, se alejó corriendo. Nada se supo de él por cuatro horas. Volvió con las patas cubiertas de lodo pero feliz.

—Solo le faltaba hablar. Parecía que nos quisiera decir algo. Teníamos el corazón a toda máquina —comentó otro de los militares.

Wilson los llevó hasta una huella en el fango al lado de un árbol. Era la marca del pie de un niño. Los militares empezaron a llamar a gritos a Loly, a Sonia y a Toto, transitando todos los caminos posibles. Nadie les respondió. Los conocedores aseguraban que esa huella tenía menos de un día. Los niños perdidos —o al menos uno de ellos— habían estado allí 24 horas antes. Los indígenas recordaron su costumbre de caminar poniendo el pie en el mismo sitio donde ha pisado el que va adelante y concluyeron que era posible que los tres niños hubieran pasado por ese lugar, uno detrás de otro.

Wilson se tranquilizó y dejó que su guía lo sacara de allí. Militares e indígenas sabían que la lógica de afuera no sirve en la selva. Estaban a un día de distancia de los niños pero nadie sabía en cuál dirección. Podían estar igual alejándose o acercándose. El entusiasmo de los días anteriores se fue tornando en frustración y desconcierto, aunque los hallazgos siguieron.

Un día después encontraron un refugio en la mitad del bosque amazónico. Lo habían construido los niños con unas ramas caídas y otras que parecían tronchadas con las manos y trozadas a dentelladas. Las ramas más duras eran de platanillo, que sirve para techar pero también para comer. Los indígenas se imaginaron a Loly partiéndolas con las manos —y quizás también con los dientes— para alimentar y para hacer un albergue temporal para sus hermanos. Era una construcción para pasar la noche. Debajo del improvisado techo había hojas secas apiladas, quizás puestas de ese modo para dormir en un piso menos duro. Por la disposición de las hojas más altas era posible que hubieran tenido un toldillo encima.

Los indígenas sintieron repentinamente que no estaban solos en ese lugar.

—Oímos ruidos en ese camino y era la unidad Destructor 1, un equipo muy bueno, un comando especial muy bueno, nos hicimos amigos, hermanos, compartimos todo en la selva —relata Henry Guerrero Fumoraque—. Cuando llegamos estaban el teniente Montoya y el sargento primero Rojas, y otros compañeros.

Mientras tanto, Wilson había vuelto a escapar.

—A las 18:30 cayó una tormenta con muchos rayos, en un momento comenzaron a caer ramas, a tronar, pero feo, horrible, y fue cuando Wilson se asustó, reventó el collar y salió corriendo, y por cuestiones de la maleza y lo que estaba cayendo el ejemplar no logró regresar —recuerda conmovido el soldado Lara—, Wilson tenía claro que hasta no encontrar lo que estaba buscando, no iba a parar. Sabía que el siguiente objetivo eran los niños.

Los hallazgos continuaban. El siguiente fue un pañal reseco, por lo cual concluyeron que llevaba muchos días abandonado. Después encontraron la tapa del biberón que podía servir de vaso. Luego algo que llenó de esperanzas a todos: al lado de la huella de un niño estaba la de un perro. Quizás Wilson estaba con ellos.

El general Pedro Sánchez les planteó una inteligente duda a los rescatistas:

—Estamos asumiendo que los rastros se han producido en el orden en que los hemos encontrado y es posible que no. Si los situamos en un mapa quizás podamos ver si los niños se mueven dentro de una posible ruta o algún patrón de desplazamiento que nos permita adelantarnos.

El impecable razonamiento del militar se tradujo en una imagen satelital de ese sector del Guaviare. El mapa fue dividido en 393 cuadrantes, cada uno de 1 kilómetro cuadrado. Es decir, diez veces el tamaño de la ciudad de París. Para la construcción cartográfica, el avión había caído en el cuadrante 350. Uno de los pañales estaba cerca del lugar del siniestro y dentro de la misma cuadrícula. Posiblemente había sido usado en los días siguientes al choque. Ese lugar se asumió como el punto cero en la caminata de los pequeños sobrevivientes.

El general Sánchez marcó en su iPad el hallazgo más cercano, que era otro pañal. Estaba en el cuadrante adyacente al oeste, número 330. El general trazó una línea roja para unir los dos puntos. El tercer hallazgo era el refugio y estaba a casi 4 kilómetros de ahí. La línea roja marcaba un camino hacia el suroeste.

Después, en una virtual prolongación de la raya, llegó hasta el lugar donde fue encontrado el biberón. Estaba en el cuadrante 271. La ruta hacia el siguiente hallazgo se había desviado con rumbo sur y conducía al cuadrante 272, donde fue ubicado el mal llamado maracuyá. Luego estaba marcada una huella de las descubiertas por Wilson, y una más que mostraba un desvío hacia el oeste.

Después de esa segunda huella habían empezado a subir hacia el norte. El rastro ubicable estaba en el cuadrante 289. El general Sánchez, veterano piloto militar y experto en leer mapas, consideró que habían seguido el camino hacia el noreste, donde encontraron la presunta huella de Wilson al lado de la de un niño. Al final, la línea roja del comandante parecía una gigantesca y alargada letra C escrita por un zurdo.

Los niños habían caminado hacia el oeste alejándose del río Apaporis e internándose más profundamente en la selva y ahora llevaban el camino contrario, pero mucho más al norte.

El general Sánchez ordenó instalar lo que llamó un "orientador auditivo" en medio del bosque y en un lugar por el que pasarían, de acuerdo con sus cálculos. Se trataba de un paraje semidespejado donde hizo montar un reflector y unos potentes parlantes alimentados por generadores de energía que repetían cíclicamente un mensaje de la abuela en castellano y en lengua huitota, invitando a los niños a no moverse para que pudieran ser encontrados:

—Loly, hija, soy su abuela. Les pido que se queden en un solo sitio, que hay gente buscándolos para sacarlos de la selva y llevarlos nuevamente a su casa.

Esa misma grabación era emitida desde los altavoces de los helicópteros que sobrevolaban permanentemente la zona esperando verlos en un claro de la espesa selva.

Las Fuerzas Especiales gritaban el nombre de Loly a medida que avanzaban por la jungla. Hacer ruido en la caminata era algo que contrariaba su entrenamiento y su instinto. En la Escuela de Lanceros aprenden a moverse silenciosamente y a esperar un ataque en cualquier momento.

—Una decisión fundamental de parte del general Cotua fue aceptar y ordenar que se rompieran todos los procedimientos tácticos, o sea, eso es un cambio absoluto, entonces ya no es en silencio, sino "hagan bulla, háganse ver, muéstrense, activen las luces" —reconoce su superior, el general Pedro Sánchez—. Nosotros estamos para llegar en silencio y vencer en secreto, en esto era todo lo contrario, era llegar haciendo ruido, que nos encontraran, que nos escucharan, y la voz, el ruido y la luz no eran solamente para los menores, eran la amenaza, porque no sabíamos si había enemigos en el área.

Cada militar cargaba pesados equipos de supervivencia y también de defensa. Mochila con carpa individual y toldillo, sintelita camuflada, cantimplora, raciones militares, pistola, cuchillo y fusil. En la zona de búsqueda podía haber guerrilleros del Frente Carolina Ramírez, y debían estar preparados para un posible ataque. De hecho, los uniformados encontraron un campamento de la guerrilla, ocupado un año y medio atrás. Los indígenas también hallaron señales de que ahí habían estado los disidentes de las Farc, pero no recientemente:

—En mitad de la marcha encontramos varios campamentos abandonados de la guerrilla, había cilindros de gas, envases de cerveza, cosas de cuando las Farc ocupaban esa zona —asegura Henry Guerrero Fumoraque.

La tupida selva impide ver más allá de 20 metros. Esa es la distancia máxima recomendada entre soldados. El manual de supervivencia militar indica: "No se apresure: evite todo movimiento o marcha inútil, sin objetivo preciso, es importante conservar energía mientras no se tenga una idea completa de la situación". También les recomienda taparse tanto como sea posible: "Siempre utilice su uniforme con las mangas abrochadas, ya que si introduce el puño de la camisa dentro de los guantes estará protegido de las picaduras de los insectos en los brazos. Los guantes también le protegerán las manos de los arbustos espinosos y de hojas cortantes"[6].

En contraste con el sofisticado equipo militar, los voluntarios indígenas estaban vestidos como todos los días. Con pantalones de índigo, camisetas, algunos tenían el chaleco de la Guardia Indígena, el bastón de mando, un machete y botas de caucho. Llevaban algo de fariña y pescaban cuan-

6   Ejército Nacional de Colombia. *Manual de operaciones en selva*. Bogotá: EJC, 2010.

do se podía. Mientras la búsqueda estuvo cerca del Apaporis hubo comida suficiente para ellos. Ponían a ahumar el pescado para conservarlo por tres o cuatro días. En las quebradas internas del enorme bosque selvático la pesca era escasa y ayunaron varias jornadas porque muchos de ellos no eran capaces de comer las raciones militares que los uniformados les ofrecían con generosidad. Algunos sí, terminaron acostumbrándose a esa dieta exótica para ellos: tamales empacados al vacío, masas de garbanzos horribles para los ojos pero gratas a un paladar con hambre, sudados de papa y carne que parecían pienso o bocadillos de pasta de guayaba, todo envuelto en gruesas bolsas verdes.

Mientras tanto Wilson, el perro rastreador, seguía sin aparecer.

—Las primeras noches soñaba que él regresaba a mí —cuenta conmovido el soldado Lara—. Además, me entendía solo a mí, lo motivaba, le decía "Vamos mi niño, muy bien", le decía "Come", es decir, "Ven a mí"; "Fuss" que viniera al lado mío, o le silbaba y llegaba.

Los indígenas manifestaron sus dudas frente al plan de búsqueda que adelantaban los militares. El razonamiento cartográfico del general Sánchez era irrebatible desde la estrategia militar, pero la realidad estaba mostrando que la ruta de las cuadrículas no llevaba a nuevas pistas sobre el paradero de los niños:

—Nos encontramos con la unidad Buitre y le dijimos al teniente, al que llamamos Popeye, que tenemos un sistema diferente para rastrear —recuerda entre risas el líder indígena Henry Guerrero Fumoraque—. Como ustedes lo están haciendo no sirve. Montemos un campamento y buscamos alrededor de 2 kilómetros, luego hacemos otro campamento y hacemos el rastreo. Péguense a nosotros. A lo último yo era el que mandaba la operación en el monte, sin ninguna mala intención, la idea era avanzar.

Por esos días un periodista le preguntó al general Pedro Sánchez si lo que estaba haciendo era como "buscar una aguja en un pajar". El alto oficial reflexionó unos segundos y soltó una metáfora rotunda:

—No, porque las agujas no se mueven. Esto es más difícil: es como buscar una pulga en un inmenso tapete.

8

FALSA
ALARMA

La mano de hierro de la disciplina militar envuelta en el guante de seda del conocimiento indígena parecía haber ordenado la búsqueda. Los equipos se movían a veces juntos y a veces separados, pero siempre coordinados. En el Guaviare se manejaba la táctica de la operación y se decidían los pasos inmediatos, mientras que Bogotá llevaba la batuta sobre la estrategia, evaluaba la foto grande y las decisiones macro del plan. La Operación Esperanza empezaba a marchar como un reloj suizo, con equipos de rastreo complementarios, cuando surgió algo que estuvo a punto de hacerla saltar en pedazos.

La bitácora del día a día de la operación anota lo que pasó el martes 17 de mayo a las 3:30 de la tarde: "Acerca de la información sobre los menores perdidos, aún sigue la búsqueda con el personal de la Fuerza Aérea Colombiana y el padre de los menores, sin ningún resultado por el momento. Sin embargo sobre las 3:30 p. m. de esta tarde, al regreso de la aeronave HK-2690 perteneciente a la compañía, que hacía la ruta Mitú-Cachiporro, al aterrizar en la pista de la comunidad, los habitantes de la misma manifiestan al piloto capitán Javier Ramírez que los menores estaban siendo transportados en lancha río abajo y que todos estaban vivos, que aproximadamente sobre las 5:00 p. m. estarían llegando a la comunidad de Cachiporro, esta información fue suministrada a la comunidad mediante radiofonía desde el punto llamado Dumar".

La información llegó a los mandos militares en la zona, quienes empezaron a preguntar a los diferentes grupos de voluntarios indígenas si sabían algo. Cuando respondían que no, unos pensaban que eran sinceros y otros que —tal vez— ellos sí habían encontrado a los niños, pero no querían compartir el éxito con los uniformados que tanto se habían esforzado.

El rumor seguía creciendo, de acuerdo con la bitácora de la aerolínea:

"Al momento de aterrizar la aeronave HK-2690 en la ciudad de Mitú, el capitán Javier informa al administrador de la base de Mitú, capitán Henry Vargas, encargado de las operaciones aéreas en esta zona, quien de manera inmediata se dirige hacia radiofonía y se comunica por este mismo medio con la comunidad de Cachiporro, donde le ratifican que los menores están vivos y vienen viajando por el río y llegarían sobre las 5:00 p. m. a la comunidad. De inmediato se informa al conducto regular coronel López para proceder como jefe del Puesto de Mando Unificado".

Los directivos de la asociación indígena Opiac también estaban incómodos, sentían que no les decían toda la verdad. La molestia de algunos militares en el área por lo que creían que era un ocultamiento de información por parte de los indígenas fue interpretada por los dirigentes comunitarios como un intento de los uniformados por arrebatarles el merecido crédito a los voluntarios y a la Guardia Indígena. Por eso decidieron adelantarse y contar la noticia a través de un programa de radio que pasan por su página de Facebook. Julio César López Jamioy, dirigente de la Opiac, afirmó:

—Hoy podemos confirmar que los niños fueron encontrados por el equipo indígena de búsqueda, a quienes agradecemos sus incansables esfuerzos para localizar primero la avioneta, después los cuerpos de las tres personas fallecidas y finalmente los niños el día de hoy.

De acuerdo con la declaración, los indígenas habían hecho todo. El mensaje, donde no había la menor mención al apoyo de los militares, concluía diciendo:

—El equipo indígena ha hecho una gran labor. Sin embargo, medios de comunicación y algunas instituciones quieren opacar el trabajo decidido que ha hecho nuestra delegación indígena en estos territorios durante la ocurrencia de estos hechos.

El programa de radio de la Opiac se expandió viralmente por las redes sociales y la revista *Semana* publicó a toda velocidad la noticia atribuyéndola a sus propias fuentes: "Primicia: milagro en la selva".

Luego publicó una segunda entrega redactada a la carrera: "Los tres niños perdidos en la selva, incluido un bebé de once meses, fueron cuidados por su hermana de trece años. Una historia de heroísmo". En el vértigo de la primicia la publicación anunció algo que sencillamente no podía tener: "En imágenes: así sobrevivieron los niños y el bebé que cayeron en la selva".

Los reporteros de los otros medios no conseguían una confirmación. Las fuentes militares y las autoridades civiles en los puestos de mando unificados de San José del Guaviare, Villavicencio y Bogotá no tenían manera de ratificar la información pero tampoco de desmentirla. Era posible que los indígenas los hubieran encontrado pero que no lo reportaran aún. En esas estaban los periodistas cuando a las 4:43 de la tarde el presidente Gustavo Petro publicó una información en su cuenta de Twitter:

"Después de arduas labores de búsqueda de nuestras Fuerzas Militares, hemos encontrado con vida a los cuatro niños que habían desaparecido por el accidente aéreo en Guaviare. Una alegría para el país".

Para casi todos los medios esa era la confirmación definitiva. Los canales de televisión colombianos interrumpieron su programación para anunciar el rescate de los niños. Las agencias de noticias enviaron los despachos con la información y las primeras páginas de los diarios más importantes del mundo se poblaron con la historia que llamaba la atención en muchos países: cuatro niños sobrevivientes de un accidente aéreo habían sido rescatados por militares después de pasar 17 días en la selva.

Solo un periodista le pidió a su medio no publicar la historia. Javier Patiño, reportero a cargo de cubrir el Ministerio de Defensa y las Fuerzas Militares de Colombia para la revista *Cambio,* le dijo a su director, Federico Gómez Lara, que tenía información contraria a la expresada por el presidente Petro:

—Lo está diciendo el presidente —argumentaba el director.

—Yo no tengo confirmación del PMU —respondía el reportero.

El director de *Cambio* me llamó para contarme acerca de lo que sostenía el periodista y de inmediato traté de verificar la noticia. Un alto funcionario civil del Ministerio de Defensa me dijo que no tenía confirmación y un general de la República afirmó que había hablado con varios mandos en la zona de operaciones y que ninguno tenía información sobre el paradero de los niños.

Con las afirmaciones de esas dos fuentes decidí escribirle un mensaje de texto al presidente Gustavo Petro para salir de dudas:

"Presidente, buenas tardes. Quiero contarle que una fuente habitualmente confiable de las FF. MM. [Fuerzas Militares] me dice que no tiene información sobre el rescate de los niños de la avioneta. ¿Es posible que esté equivocado? ¿Usted me podría orientar para buscar la información?".

El mandatario respondió:

"Las FF. MM. no han podido entrar en contacto con los niños, ICBF [Instituto Colombiano de Bienestar Familiar] y los indígenas reportan que están en Cachiporro. Hay malas condiciones climáticas para ingresar".

La revista *Cambio*, gracias al rigor y a la obstinación del periodista Javier Patiño, publicó que ni la Aerocivil ni los puestos de mando corroboraban la aparición de los niños. Era la única voz discordante en medio de una celebración prácticamente unánime. Muchas cuentas en redes sociales empezaron a atacar la publicación tachándola de mentirosa, pesimista, de no querer que los niños volvieran de la selva y de atreverse a poner en tela de juicio una afirmación de la primera autoridad del país.

Las dudas llegaron también a la bitácora de búsqueda de la aerolínea. Después de los registros de confirmación previos, esta fue la anotación al terminar el día:

En este momento no tenemos certeza de la información, puede no ser cierta, si Dios permite y es verdad, tenemos varios factores que pueden retrasar la llegada de los menores, en cuanto a la comunicación debido a tormentas eléctricas en la zona se deben apagar los equipos por un lapso de una hora mientras pasa la tormenta. De igual manera, no se puede navegar este río lloviendo porque tiene mucho palo y es peligroso para la embarcación, presumimos que pueden haber parado hasta que deje de llover.

Esta es la única información que se tiene hasta el momento, NO HAY NADA CONFIRMADO OFICIALMENTE, lamentamos profundamente que algunos medios de comunicación confirmen esta noticia ilusionando a las familias, aunque es el gran deseo de todos. Imploramos por favor ser prudentes y esperar comunicado oficial del PMU quien tiene la autoridad y el mando de la situación.

Rogamos a Dios que pronto tengamos noticias, no importa la hora, solo queremos que sean positivas para informar a la familia y todos los medios.

Al día siguiente, a las 5:30 de la mañana, logré hablar con la misma fuente civil del día anterior y a las 5:50 con un alto mando militar. Los dos me ratificaron que la información era falsa. Los niños no habían sido encontrados y todo había sido un rumor sin fundamento.

A esa misma hora Astrid Cáceres, la directora del ICBF, empezaba una entrevista con *W Radio* en la que sostenía la versión del presidente Petro del día anterior: "Nosotros recibimos la comunicación para alertar a nuestros equipos en la regional Caquetá y la información que tenemos es que, si bien no se han podido contactar con el Ejército, los niños están dentro de uno de los grupos comunitarios que están en la zona. Esa es la información que tenemos y que entregamos, la verdad es que nosotros tenemos que entender que la selva es compleja y los grupos de búsqueda están moviéndose en toda la zona, pero la comunicación es muy compleja".

Tuve un enorme dilema ya que debía hacer un segmento habitual de información y opinión para la misma cadena radial en los minutos siguientes. Por un lado, estaba oyendo a la directora del ICBF, quien es una funcionaria seria y respetada, decir que los niños sí habían salido de la selva y, por el otro, dos fuentes de alta credibilidad me aseguraban que la información no tenía sustento y me autorizaban a citar sus afirmaciones, sin identificarlos.

Cuando llegó la hora de hablar señalé que discrepaba respetuosamente del presidente Petro y de la directora del ICBF porque fuentes directas afirmaban que los cuatro niños permanecían perdidos. También dije que, en mi opinión, el presidente se había apresurado al publicar la información, quizás guiado por el natural entusiasmo que generaba esa historia.

La respuesta fue casi inmediata, un antiguo colega con el que trabajé hace años, pero que después se dedicó a la política, me llamó para decir que yo estaba pasando por alto que la Opiac había dicho lo mismo en un espacio de comunicación oficial de la organización y que de esta manera desconocía a los indígenas como fuente original de la información. Quizás tenía razón.

Colgué con él y llamé a un dirigente de la Opiac, no hubo respuesta. Después le marqué a un líder indígena de otra zona de Colombia pero conectado con los dirigentes de la Amazonía. Me dijo que les preguntaría. Minutos después volvió a sonar el teléfono, era un alto funcionario del Estado para reprochar que yo hubiera dicho que el presidente se había apresurado. Con esas preocupaciones entré a un evento público en el que debía intervenir, y salí 50 minutos más tarde con total incertidumbre sobre la evolución del tema.

Todo había cambiado. El presidente Petro eliminó el mensaje de Twitter del día anterior y en su lugar publicó este:

"He decidido borrar el trino debido a que la información entregada por el ICBF no ha podido ser confirmada. Lamento lo sucedido. Las Fuerzas Militares y las comunidades in-dígenas continuarán en su búsqueda incansable para darle al país la noticia que está esperando".

El mensaje del mandatario logró recomponer las rela-ciones en ese momento maltrechas entre los rescatistas in-dígenas y los militares. El general Pedro Sánchez volvió a la zona para hablar con ellos y ratificar la confianza mutua. La esposa del alto oficial, una prestigiosa médica y profesora universitaria, le había dicho que temía que la bebé tuviera diarrea porque eso la podría matar:

—Mañana los vamos a encontrar —le prometió Sánchez a su esposa y a su hijo, que cumplió nueve años mientras él buscaba a los niños indígenas.

Un día después de la falsa alarma, los equipos militares en la zona fueron reforzados. Así quedó registrado: "Esta mañana un grupo de 35 hombres de las Fuerzas Especia-les se incorporaron al área de búsqueda, consolidando así un esfuerzo de cerca de 150 hombres entre unidades de las Fuerzas Militares".

Además se incrementaron las operaciones aéreas y el perifoneo sobre el área. "En la noche de ayer jueves y la madrugada de hoy viernes, en helicópteros del Ejército Na-cional y la Fuerza Aérea Colombiana se realizaron labores de perifoneo que buscan orientar a los niños extraviados. En tierra, los comandos usan megáfono, pitos y otros ele-mentos tácticos para reforzar la labor de ubicar a los cua-tros hermanos".

La grabación de la abuela Faustina Plasencia retumbó sobre la selva en castellano y en idioma huitoto:

—Loly, le pido un favor. Que yo soy su abuelita Faustina, usted me entiende, tiene que estar quieta porque ellos la están buscando.

La bitácora de ese día también dice que la directora del ICBF estuvo en la zona de la operación y después en Villavicencio: "Por su parte, la directora del Instituto Colombiano de Bienestar Familiar (ICBF), Astrid Cáceres, lidera el puesto de mando unificado ubicado en Villavicencio, con acompañamiento a las familias de los menores extraviados".

Pocos se imaginan que esa visita tendría como consecuencia la llegada de una persona que resultó determinante para el éxito de la operación. La directora Astrid Cáceres estaba con el tío abuelo de los niños, Fidelio Plasencia, cuando recibió una llamada del presidente Gustavo Petro quien preguntaba por los desarrollos del tema. Quizás Fidelio lo pidió, quizás fue idea de la directora, lo cierto es que el mandatario terminó hablando por teléfono con el indígena:

—Petro, gracias por todo lo que ha hecho —le dijo sin reparar en protocolos—, todo eso está bien, pero nada está completo. Es posible que nunca más tenga la oportunidad de hablarle. Le quiero pedir que lleve allá al hombre más sabio del Araracuara. Es el mayor. Don Rubio. José Rubio Calderón. Él es el único que nos puede sacar con bien a los niños.

El presidente Gustavo Petro recuerda esa llamada que marcó los parámetros de la nueva búsqueda.

—Me dijo por teléfono que la solución es con yagé y que hay unos líderes de la región que habían convocado y que yo le contara a la cúpula militar —relata el jefe de Estado—.

Me explicó que los espíritus de la selva estaban bloquean-
do la búsqueda porque la selva no quería soltar a los niños.
Y después atribuye eso a un episodio familiar. Asegura que
la selva estaba cuidando a la niña en sus tribulaciones.

9

YAGÉ, LA YERBA SAGRADA

Aunque el Amazonas es casi el 42 por ciento del territorio de Colombia, el país ha vivido de espaldas a la región. Ocupa 476.000 kilómetros cuadrados de la geografía colombiana, una extensión mayor que la de Alemania. Apenas el 2 por ciento de los colombianos habita la inmensa zona que se extiende por los departamentos de Guainía, Guaviare, Vaupés, Amazonas, Putumayo y Caquetá. Muy pocos han ido a conocer el Amazonas y la mayoría de las noticias que llegan tienen que ver con violencia, narcotráfico o con la deforestación causada por talas de bosques para abrir espacio a macrocultivos de coca, a la explotación de maderas preciosas —muy apetecidas en Europa y Estados Unidos— o a extender la llamada frontera agrícola y ganadera.

También hay un creciente mercado ilegal de animales. En los últimos años China se ha vuelto el cliente más grande de este comercio que incluye felinos como jaguares, pumas y tigrillos; reptiles como caimanes, babillas y anacondas; también loros, pájaros exóticos, ranas venenosas, tortugas y peces tropicales. Las especies terminan convertidas en ingredientes de la medicina tradicional china, o en materias primas para confeccionar prendas de moda, o simplemente son vendidas como mascotas.

La gestión del actual presidente de Colombia, Gustavo Petro, ha sido justamente criticada en numerosos aspectos, pero muchos reconocen sus esfuerzos por llamar la atención del mundo sobre lo que sucede en el Amazonas. En su primera intervención como mandatario ante la Asamblea General de Naciones Unidas sostuvo: "La selva se quema, señores, mientras ustedes hacen la guerra y juegan con ella. La selva, el pilar climático del mundo, desaparece con toda su vida. La gran esponja que absorbe el CO_2 planetario se evapora. La selva salvadora es vista en mi país como el enemigo a derrotar, como la maleza a extinguir. El espacio de la coca y de los campesinos que la cultivan, porque no tienen nada más que cultivar, es demonizado. A ustedes mi país no les interesa sino para arrojarles venenos a sus selvas"[7].

La hoja de coca ha estado en el centro de una controversia mundial. Para algunos la erradicación de los cultivos es la base de la lucha efectiva contra el narcotráfico. Otros sostienen que las fumigaciones masivas en realidad no disminuyen el tráfico de estupefacientes y, en cambio, traen contaminación, pobreza y enfermedad. Desde algunos círculos

7   Gustavo Petro Urrego. *Discurso ante la Asamblea General de Naciones Unidas*. Nueva York, 20 de septiembre de 2022. https://tinyurl.com/ywaw8uya

académicos se ha insistido en que la fumigación no acaba la coca, sino que la mueve como si se apretara con la mano un globo de niño: si hay presión en Perú, crece en Colombia. Si hay presión en Colombia se va a Ecuador[8].

Pocos presidentes en ejercicio se han atrevido a señalar la responsabilidad global —y no únicamente de los países amazónicos— en la preservación del llamado gran pulmón del mundo. Ninguno había hablado de la contradicción entre las exigencias para preservar la selva y al mismo tiempo fumigarla para erradicar la coca: "Allí en esas selvas se emana oxígeno planetario y se absorbe el CO_2 atmosférico. Una de esas plantas que absorbe el CO_2, entre millones de especies, es una de las más perseguidas de la Tierra. A como dé lugar se busca su destrucción: es una planta amazónica, es la planta de la coca, planta sagrada de los incas. Como en un cruce de caminos paradójicos. La selva que se intenta salvar es, al mismo tiempo, destruida. Para destruir la planta de coca arrojan venenos, glifosato en masa que corre por las aguas, detienen a sus cultivadores y los encarcelan. Por destruir o poseer la hoja de la coca mueren un millón de latinoamericanos asesinados y encarcelan a dos millones de afros en América del Norte. Destruid la planta que mata, gritan desde el norte, destruidla, pero la planta no es sino una planta más de los millones que perecen cuando desatan el fuego sobre la selva"[9].

8   Adam Isacson. *Aún si el glifosato no fuera cancerígeno, las fumigaciones aéreas todavía serían una mala idea.* Washington: WOLA, 2015. https://tinyurl.com/5bv53vd2

9   Gustavo Petro Urrego, *op. cit.*

Los huitotos se llaman a sí mismos "la gente de la coca y del tabaco" o "la gente del mambe y del ambil". El tercer ingrediente es el yagé, o la ayahuasca, como también se conoce. Todas estas yerbas y preparaciones sagradas son una forma de acercamiento a la divinidad y una manera de superar la enfermedad. Según su religión, el padre creador Moo Buinaima nació de la palabra y a la vez creó la palabra. Esa construcción recíproca significa que nadie es enteramente superior, que aun las fuerzas más grandes tienen pares y que todo está en permanente evolución. Por eso, según los taitas huitotos, es necesario hablar, entender las fuerzas naturales, reconocer la existencia de otras fuerzas sobrenaturales y pedir su ayuda para curar los males del cuerpo y del espíritu[10].

El mambe es una mezcla de hojas de coca y yarumo tostadas, molidas y cernidas. De acuerdo con sus creencias, la sustancia es una fuente de alivio y sabiduría. La comparan con la abuela porque, a diferencia de la madre, no tiene el deber de reprender a nadie y comparte el conocimiento con dulzura. Da fuerza y claridad de pensamiento. El mambeo colectivo es una expresión de cultura comunitaria. Hay bendiciones para el momento de tomar las hojas de coca y, en obediencia a las tradiciones, no deben ser más que las que se necesiten en ese momento. La ética de los huitotos rechaza la acumulación porque la consideran

10 Konrad Theodor Preus. *Religión y mitología de los uitotos: recopilación de textos y observaciones efectuadas en una tribu indígena de Colombia*. Bogotá: Universidad Nacional de Colombia, 1994.

como una agresión al que no tiene o como un aprovechamiento del más débil.

El ambil se obtiene por la cocción de las hojas de tabaco mezcladas con sales vegetales. La tradición considera que es una fuente de prudencia, buen juicio y respeto. El ambil es comparado con el abuelo porque habla con sabiduría, muestra caminos con serenidad y enseña que las cosas empezaron hace mucho tiempo. Es también el guardián del cumplimiento. Lo que se sella con ambil se considera un acuerdo sagrado. Enriquece la palabra, busca la manera correcta de relacionarse con cada cual y entrega discernimiento moral para entender lo bueno y lo malo.

El yagé se obtiene de un bejuco, una liana que a veces crece hasta 30 metros de manera silvestre y se mezcla con otras plantas que son un secreto conservado de generación en generación por los sabedores. Algunos grupos huitotos cultivan el bejuco. De acuerdo con la tradición, es una poderosa medicina para enfermedades corporales o espirituales. Cada dolencia debe ser tratada de una manera diferente, por eso no hay preparaciones estandarizadas. Según la medicina indígena, debe hacerse con un propósito específico y bajo la guía de un sabedor. En otras palabras, al yagé se le piden tareas específicas y siempre debe acudirse a él con un propósito. La primera acción terapéutica del yagé, según la medicina indígena, es la limpieza total del cuerpo y el espíritu. Su primer efecto es laxante o vomitivo y al mismo tiempo asea de manera profunda las vías respiratorias.

Más allá de las numerosas propiedades medicinales atribuidas al yagé, para los huitotos propicia una reflexión profunda para que una persona logre conectarse con su mundo interior. El yagé permite, de acuerdo con la tradición, un fuerte proceso de introspección para descubrir el origen de las dolencias espirituales, para recordar aquello que se necesita, para olvidar lo que sobra, para mirar de frente los miedos y superarlos. Según la tradición, el miedo puede ser amigo pero no puede ser jefe. El miedo ayuda a ser cuidadoso pero no puede paralizar. Algunos estudios de medicina occidental —no concluidos— tratan de establecer si el yagé puede ser usado para superar formas de depresión, el alcoholismo o la drogadicción.

Consultado por *The New York Times*, Roland Griffiths, profesor de la Facultad de Medicina de la Universidad Johns Hopkins y director del Centro Hopkins para la Investigación de la Conciencia y la Psicodelia, afirmó: "Toda la conversación cultural en torno a los psicodélicos ha cambiado". Y con prudencia, agregó: "Eso me preocupa, porque creo que estamos subestimando los riesgos que conlleva"[II].

La palabra *psicodélico* no existe para los huitotos, pero el interés que ha despertado el yagé, o ayahuasca, en el mundo entero ha desatado una ola de turismo psicodélico a algunos resguardos indígenas que no han estado a salvo del mercantilismo. Los taitas, o mayores, son cautelosos frente a estos excursionistas y no reciben a todo el que quiere verlos, ni dan yagé a quienes simplemente quieren "vivir una experiencia".

Eso es lo que más se sabe en el mundo exterior acerca del yagé. Sin embargo, según los conocedores de la medici-

---

II Debra Karmin. "The rise of psychedelic retreats". *The New York Times*. https://tinyurl.com/4vnks2eu

na indígena, el yagé también es un vehículo que le permite al espíritu encontrarse con fuerzas sobrenaturales, viajar libremente en el espacio y en el tiempo. Recorrer el pasado o asomarse al futuro. De acuerdo con la explicación de un sabedor, el yagé es capaz de apagar los sentidos físicos para encender otros que facultan al espíritu para moverse en múltiples dimensiones, incluso algunas inexploradas para la humanidad.

¿Y qué tiene que ver esto con la búsqueda de los cuatro niños perdidos en la selva? Pues todo.

Fidelio Plasencia, el tío abuelo de los niños, dio una entrevista a la Agencia Francesa de Prensa que retrató su preocupación de ese momento:

—Han encontrado el rastro fresco, pero cuando ya van a llegar al punto se oscurece, viene el aguacero. Ellos se sienten cansados y se rinden —esa serie de intentos fallidos tenía una explicación para él—. Entonces quiere decir que hay un misterio en la selva. De pronto son fuerzas oscuras que tienen a los niños.

Por esa razón, Valencia pedía que el mayor Rubio fuera al área en la que buscaban a los niños perdidos. Astrid Eliana Cáceres, la directora del ICBF y una educadora con dos maestrías, buscó a Rubio y lo encontró en Araracuara. El sabedor no pidió plazos, ni puso ninguna condición:

—Estoy dispuesto a dar mi vida por los niños.

La funcionaria envió ese mismo día un avión a recogerlo para que lo llevara a la zona de operaciones.

10

DON RUBIO

Por esos días todo parecía estar dado para encontrar a los niños, 48 indígenas más se habían integrado a la búsqueda. El militar mejor entrenado en rastreo de selva había sido reasignado presurosamente a esa misión, lo sacaron de un operativo ultrasecreto en otra región del país para que se sumara a la Operación Esperanza. Tanto los militares como los baquianos indígenas tenían certeza de la existencia de huellas frescas, y los helicópteros sobrevolaban todas las rutas posibles mientras dejaban caer entre la espesura centenares de bolsas empacadas al vacío que contenían elementos de supervivencia y enlatados mezclados con viandas tradicionales de la dieta indígena:

—Empacamos todo para proteger los alimentos de la humedad. Ya había empezado a llover 16 horas al día —relata Diego Bagett, funcionario del ICBF—. Los kits contenían fariña, atunes, algunas golosinas, chocolatinas y bocadillos de pasta de guayaba. También llevaban suero, capas impermeables y silbatos para que los usaran y pudiéramos encontrarlos.

En algunas zonas de la selva que, de acuerdo con el cálculo cartográfico, eran rutas forzosas de los sobrevivientes, los soldados empezaron a atar en los árboles cinta perimetral, como la que usa la Policía para aislar la escena de un crimen. Cada tres o cuatro metros colgaban un silbato de plástico. Al día siguiente, un suboficial notó que faltaban dos y comparó el lugar con la fotografía que había tomado 18 horas antes. No había duda de que era el mismo sitio y faltaban dos elementos.

—Pusimos cintas, luego cuando fuimos a verificar ya no estaban los pitos —recuerda un sargento de la Compañía Buitre—. Parecían desprendidos con cuidado como para no romper la cinta. Un indígena nos dijo "eso no es mano de niño, sino de duende" pero mis creencias siempre son hacia Dios.

Además, uno de los pelotones de Fuerzas Especiales que peinaba una ruta cercana a un arroyo encontró uno de los kits abiertos. Faltaban la fariña, los chocolates y el dulce de guayaba. En cambio, el suero pediátrico seguía dentro de la bolsa plástica junto con los impermeables y unos alimentos enlatados.

—En el trabajo con los nativos encontramos evidencias como el kit de Bienestar Familiar que estaba abierto por los niños. Bueno, en ese momento no podíamos confirmar o desvirtuar si había sido abierto por los niños, pero sí era pieza clave porque hubo un elemento esencial que nos llevaba a pensar que fue abierto por los niños y es que los Pedialyte no estaban consumidos. El resto de los elementos sí —afirma un teniente de la Compañía Buitre—. Y era una buena pista porque si los hubiera encontrado la tropa, ellos habrían tomado el suero para hidratarse, pero los niños quizás no sabían para qué era ni cómo abrirlo.

Del lugar donde fue localizado el kit se desprendieron cuatro rutas para cubrir todos los puntos cardinales. Cada senda fue rastreada por un grupo mixto de indígenas y militares. En la dirección sur-suroeste un nuevo hallazgo los llenó de esperanza. Quizás estaban próximos a encontrar a los niños y, además, a un querido comando que estaba con ellos:

—Siguiendo ese rastro, encontramos una zona donde habían descansado protegidos con palos de bamba. Ahí estaban las huellas tan famosas que salieron en las noticias —recuerda el mismo oficial—. Una huella pequeña al lado de una más grandecita. Esas huellas humanas estaban al lado de la de un perro.

Las pisadas tenían un día o menos. Estaban nuevamente cerca pero no daban. La buena nueva se transmitió de boca en boca y de radio en radio. Sin embargo, el soldado profesional Christian David Lara, guía de Wilson, no tenía un buen presentimiento:

—Sentía tristeza, pero a la vez tenía la fe intacta en que yo los iba a encontrar, a los niños y a Wilson, pero es una selva muy pesada. Se sienten unas fuerzas que uno no entiende. Los indígenas dicen que hay espíritus.

La presencia de los espíritus de la selva, o los duendes, había empezado como una exótica narración nocturna de los socorristas indígenas a los militares. Ellos, especialmente los que provenían de centros urbanos, oían con mal disimulado escepticismo. Incluso se permitían bromas entre ellos cuando los indígenas no los oían:

—Cuidado lo limpia el duende —le decían entre risas al que tenía que ir a hacer sus necesidades en el monte.

Sin embargo, con el correr de los días hasta los más incrédulos empezaron a notar cosas extrañas. Sentían como si una cuerda se les atravesara en las caminatas por la jungla y se tropezaran con un obstáculo invisible. Otros creían oír risas macabras o silbidos humanos en los cantos de los pájaros. En medio del abrumador calor del bosque húmedo percibían una brisa helada y tenebrosa que los congelaba por pocos segundos, o sentían que una mano se les posaba en el hombro y los halaba hacia atrás justo cuando pensaban que estaban bien encaminados.

—Según la mitología de nosotros —afirma el líder indígena Henry Guerrero Fumoraque— cuando una persona se pierde, los duendes se apoderan y los cargan. Ellos cargaron a los niños, así fue. Los duendes se pueden presentar en la figura del papá y la mamá, los niños creían que andaban con los padres en el monte.

Uno de los suboficiales de las Fuerzas Especiales, que se ha jugado la vida frente a enemigos fieros en muchos combates y que ha logrado escapar dos veces de emboscadas, asegura que en doce años de guerra no había tenido tanto miedo como el que inexplicablemente sintió buscando a los niños en la selva:

—Que usted esté durmiendo y que le muevan la hamaca, o que usted esté durmiendo y que empiecen a caer palos... ¿Y de dónde? Y usted va a revisar y no hay nada. No sé —dice el cabo que no quiere que lo tachen de supersticioso—. Pero ¿los indígenas qué decían? Que allí estaba el duende. Un vientecito que pasaba, y decían "véalo por ahí viene el duende". No sé.

Un soldado le juró a su superior inmediato que, al caer la tarde, sintió rugir a un tigre, pero lo oyó debajo de la tierra. Pensó que el animal estaba oculto entre la hojarasca y trató de desasegurar el fusil por si era atacado por la fiera, pero no pudo. Inexplicablemente se cayó de espaldas, como si una mano invisible lo hubiera empujado. No podía moverse, estaba congelado. Sus compañeros lo reanimaron y volvió caminando al campamento, pero se alejó de una senda que creía que era la misma que habían transitado los niños.

El general Pedro Sánchez, que seguía atento los rastros y los iba marcando juiciosamente en el mapa satelital, calculó que los pequeños sobrevivientes solo podían moverse distancias cortas cada día por las dificultades del terreno. No obstante, su mapa, de última tecnología, empezó a poblarse con señales contradictorias y extrañas.

—Cuando hacíamos los cálculos de los niños, decíamos que se movían a unos 300, 400 metros diarios y me preguntaba ¿cómo se van a mover dos kilómetros y medio en un día y medio? Los indígenas aseguran que el duende se movió inmediatamente y se llevó los niños al suroccidente —sostiene el general y agrega—, después los comandos llegaron a un sitio donde afirman que les soltaban los cordones de las botas.

Caminaban un paso y las botas, anudadas para resistir jornadas enteras sin desamarrarse, estaban sueltas. Fue entonces cuando uno de los indígenas sugirió poner copas de licor en los mismos lugares de la supuesta ruta de los niños. Trajeron una botella de escocés fino, un regalo de la Navidad anterior que el general Sánchez se había llevado al puesto de mando con la esperanza de hacer un brindis el día que encontraran a los sobrevivientes; al lado del Sello Azul había varias botellas de Aguardiente Extra del Caquetá y unas de chirrinche, que es un anís destilado rústicamente en las chagras de la selva con una peligrosa concentración de alcohol que puede dejar ciego al que le toque el trago equivocado.

—Tocaba romper la barrera espiritual —dice Henry Guerrero Fumoraque—. Ahí nació la idea del aguardiente para que el duende lo tomara. Pasaron varios casos, varios accidentes, a un compañero un palo casi le saca un ojo, a otro un palo le atravesó los testículos, a un sargento casi le saca el ojo en el monte, otro de esos se macheteó porque los espíritus ya estaban actuando, ya nos estaban atacando a nosotros.

Pensando en apaciguar las misteriosas fuerzas parecían estar alterándolas más. Los rescatistas se cansaban más rápido, las fiebres palúdicas diezmaron las filas y recorrer las mismas distancias empezó a tomar tres y cuatro veces más tiempo. Cuando se sentaban para descansar cinco minutos, se hundían en el sopor y terminaban despertándose cuando ya se acababan las horas de luz aptas para el rastreo.

—A un soldado le quitaron los cordones de las botas. Él iba con otros militares a dejar el aguardiente en un sitio que le indicamos y estaba a solo 15 minutos, pero se perdieron dos horas, casi no regresan —asegura Guerrero Fumoraque, el líder del Araracuara—. A una señora del grupo de Putumayo que dejó los calzones después de bañarse, le aparecieron a 100 metros. Ella se enfermó y la tuvieron que retirar. Los espíritus trataban de sacar a los que estábamos buscando a los niños.

Los dispositivos de ubicación *GPS* dejaban de funcionar de manera repentina y cuando los militares deshacían los pasos para volver al campamento retomaban la señal, pero era imposible regresar al lugar anterior. El padre de los dos niños menores, que participó en las labores de búsqueda, relata su experiencia:

—El duende a todo momento encima de uno —asegura Arsenio Revoque—. Pasaba una cosa y al ratico ya estaba perdido. Como si te hubiera silbado un compañero, y uno sabe que todos están concentrados buscando dónde están los niños. Nadie estaba en momento de estar haciendo lo indebido.

La sensación de luchar contra un enemigo invisible e invencible empezó a minar la voluntad de los rescatistas. Los militares podían ser relevados con nuevas tropas, pero los indígenas, que fueron casi 100 unos días antes, habían descendido a menos de 20.

Pocos lo supieron por fuera de la selva, pero por aquellos días se presentó nuevamente una falsa alarma de hallazgo de los sobrevivientes. Así quedó escrito en la bitácora de búsqueda de la aerolínea:

"Martes 23 de mayo: El día de hoy nos llaman el coronel Aro y el coronel López, nos indican que hay una información que indica que los niños están en una comunidad cerca al Guaviare, por lo cual las Fuerzas Militares envían una unidad para corroborar esta información y confirman que también fue una falsa alarma".

El fiasco anterior había sido tan grande que nadie se atrevió a mandar la información a Bogotá, pero ese día un avión enviado por Astrid Cáceres, directora del ICBF, llegó al área con José Rubio Calderón, líder espiritual del Araracuara, a bordo. El general Pedro Sánchez, máximo comandante militar de la operación, dio su visto bueno, en primer lugar, por respeto al deseo de las familias: los abuelos maternos y el padre de los dos más pequeños no podían verse, pero los tres estaban de acuerdo en traer a don Rubio.

El general también pensó que había que abrirse a nuevas posibilidades porque empezaba a sentir que la ciencia y la tecnología occidentales se estaban quedando cortas para resolver el enigma del paradero de los niños.

El mayor Rubio, como lo denominan los sionas, o don Rubio, como prefieren llamarlo los huitotos, es un hombre vigoroso de 56 años. De brazos fuertes y estatura mediana. Desde los 35 es considerado un anciano, no por su edad cronológica sino por su conocimiento de la medicina tradicional, que para estas comunidades está fuertemente ligada a la espiritualidad. En la cultura amazónica, la botánica y las fuerzas sobrenaturales caminan de la mano, guiadas por taitas o chamanes como Rubio.

Nació en una quebrada llamada Cuegaye, en un lugar recóndito del Caquetá. Su abuelo y maestro, llamado Bartolo Rodríguez, es una leyenda en el Amazonas porque logró sobrevivir a las caucherías de la Casa Arana, en las que estuvo esclavizado siendo niño y, además, consiguió escapar con vida de La Chorrera en medio de la guerra colombo-peruana, que causó dolor y muerte entre las comunidades murui-muinane, como se llaman entre ellos los huitotos.

Rubio relata que, seis meses después de nacer, su abuelo decidió adoptarlo para enseñarle los secretos del monte. De la mano del taita Bartolo conoció animales, vegetales, minerales y espíritus del Amazonas. Aprendió a sentirse un elemento más de la "madre selva", no mejor ni peor, y a respetar los espacios de cada ser:

—El viento, el rayo y el relámpago. Varios espíritus y un Dios verdadero, si usted no aprende eso no puede tomar. Si usted no domina eso no puede ser curandero. No puede meterse en la selva. Tiene que aprender a hablar con Añú Raima, el tigre, y con Eñu Urú, que es la tierra, la madre monte. Mo Buinaima es el padre de todos y vino de la palabra y también creó la palabra.

Desde niño aprendió a preparar las medicinas, a entonar los cantos y a bailar las danzas sagradas que se han transmitido de generación en generación desde el origen de los tiempos:

—Comencé a mambear coca con mi abuelo a los diez años. Es una planta medicinal que da inteligencia, una planta de sabiduría. Cuando tenía doce años empecé a curar. Yo preguntaba a mi abuelo para qué mambear coca, para qué chupar ambil: "Hijo, esa es la palabra de nosotros, nosotros somos zumo de coca, zumo de tabaco, zumo de yuca dulce, zumo de yagé. Moo Buinaima nos dio esas plantas para nosotros". Son para hacer el bien, pero también hay gente que las usa para hacer el mal.

Cuenta que su primera paciente fue una mujer que estaba muriendo, después de cuatro días con dolores de parto, pero guiada por el niño Rubio y sus yerbas, acabó teniendo un alumbramiento apacible en seis minutos y un bebé sano. Su fama fue creciendo aparejada con su conocimiento de la selva y de la medicina. Hasta que un buen día, el taita Bartolo que, según sus cuentas, ya había cumplido 120 años, le dijo que ya no tenía nada más que enseñarle:

—Cuando él ya me entregó todos los conocimientos, me dijo "Yo qué voy a hacer, yo ya no soy nada, ya sabe curar, está curando la gente, ya sabe baile, pues yo me voy". Y le dijo al resguardo "Este es mi nieto, este es el que ha de protegerlos a ustedes, este es el que va a curar. Yo ya no soy nada y yo me voy".

Eso pasó el 13 de octubre del año en el que don Rubio cumplió 35 años. Como Bartolo se había adentrado solo en la selva, él corrió a buscarlo. Hasta que un día su abuelo se le manifestó y le dijo:

—No, hijo, nunca busque hacia abajo, busque hacia arriba. Ahí están los perdidos. Yo me fui ya. No vuelvo más con usted.

—Pero ¿por qué, abuelo, por qué se fue? —le preguntó don Rubio.

—Me voy porque la tierra pega mucho, usted me entiende. Estoy donde mi mamá y donde mi papá.

Desde entonces el espíritu de Bartolo, según don Rubio, encarnado a veces en diversas criaturas, camina por el Yarí, por el Chiribiquete o por donde su nieto lo invoque. De él aprendió los secretos del yagé:

—Hay muchas clases de yagé, pero entre todos ellos hay dos grupos grandes: el yagé boa y el yagé tigre. El boa que limpia el cuerpo y el espíritu. Hace vomitar pero sin sobresaltos y consigue que salga del estómago todo lo que hace daño. Del pulmón y la nariz lo que no deja respirar. Si una persona respira bien, se siente bien, está llena de energía. Si está tapada, no puede pensar bien.

El yagé que necesitaba para buscar a los niños era yagé tigre que, de acuerdo con las afirmaciones del chamán, sirve para transportarse en el tiempo:

—Usted se queda dormido, es como estar viendo una película, pero si se concentra, usted conoce lo que necesita conocer. Este es el yagé tigre que nosotros decimos yatu, yagé de nosotros los huitotos. Usted puede cerrar todas las distracciones y concentrarse por 45 minutos. Mirar su futuro y su presente. Lo que usted fue y lo que será. Lo que puede suceder y lo que ya sucedió, o lo que va a suceder. Con ese pensamiento usted toma eso.

De acuerdo con los postulados de la medicina indígena. El trance de introspección que concede el yagé tigre también permite desplazarse instantáneamente al lugar que quien lo usa necesita ver:

—Voy a mirar dónde está usted. Allá le llego, a Estados Unidos, para donde sea, usted llega con el yagé porque trae cerca lo que está lejos. El mundo es así. La selva es grande pero el mundo es chico. Entonces en un rato ustedes recorren el mundo y miran. Entonces el yagé hay que saberlo preparar y ya nosotros lo tomamos solitos, que no haya bulla, solo pensamiento. Inteligencia y concentración. No es para juego, es para las necesidades. Por eso desde el primer momento sabía que a los niños los tenía que encontrar, aunque tuviera que poner mi vida por la de ellos.

11
VENCIDOS

Aunque estaban unidos por el propósito de encontrar a los niños, indígenas y militares estaban separados por barreras invisibles: una de ellas era el olor. Los militares percibían a los indígenas desde lejos por la fragancia del tabaco. El ambil que consumían permanentemente dejaba su aroma por las sendas que iban abriendo en la selva. Los militares, en cambio, arrojaban un hedor que los indígenas sentían a la legua: era una mezcla de olor a pies, sudor viejo, nuevo sudor, ración de campaña y aliento agrio. La temporada de lluvias había empezado, y la humedad de la ropa, que se transformaba en moho sobre el cuerpo, se sumaba a la fetidez que acompañaba a muchos de los hombres de las Fuerzas Especiales. Ellos no podían percibir su peste porque el olfato se acostumbra.

Los indígenas sabían asearse con hojas y le sacaban provecho a las lluvias que se habían vuelto permanentes. En esa fase de la búsqueda empezaron a caer aguaceros bíblicos que podían durar hasta 16 horas continuas. El agua del Amazonas que, transformada en ríos voladores, le da de beber a buena parte del planeta, humecta sus propias tierras para mantener activo el ciclo de la vida. Los hombres inmersos en la búsqueda de los niños no podían detenerse a admirar el espectáculo sobrecogedor del diluvio selvático. Sin embargo, los indígenas lo disfrutaban en lugar de sufrirlo, aprovechaban la incesante precipitación para lavarse, dejando rodar el agua fresca por sus cuerpos, mientras seguían caminando, o abrían la boca para beber en sorbos chicos.

Jennifer Tusarma fue una de las tres mujeres que hicieron parte de los equipos de rastreo. Ella no es indígena pero está casada con un miembro de la comunidad siona del Putumayo y ha adoptado sus costumbres. Recuerda que los días de la búsqueda estuvieron marcados por algo de miedo y mucho de hambre.

—Aguantamos hambre. Comimos muy mal. Nos dieron esa ración de campaña, eso es muy feo, y pues como nosotros no llevamos comida, pensamos que eso era buena comida. Eso venían unas bolsas que uno les echaba agua caliente hasta la mitad, y eso era maluco, venía arroz, a veces una carne con fideos, pero sabía mal, a veces había una de puras frutas, que tocaba calentar, otras eran lentejas con verduras, carne con fideos, arroz de leche como salado, era horrible. Unos indígenas del Cauca repartieron por ahí unas galleticas, con eso sobrevivimos quince días. También comimos panela.

Aunque en ambos grupos había veteranos expertos en rastreo, la forma de encontrar una huella era bastante diferente. Los militares estaban concentrados en las pisadas, en la posible marca de un pie en el lodo fresco o en la hojarasca. En cambio los baquianos indígenas miraban hacia abajo y hacia arriba. Buscaban ramas tronchadas, rastros de movimientos súbitos de animales o la señal de que algo había perturbado la vida silvestre. Casi todo es verde allá pero hay muchas clases de verde: verde oscuro del follaje alto, verde claro del envés de las hojas, verde musgo o verde piedra. En la sutileza de esos tonos, y sus cambios, hay señales que solo entienden quienes han crecido sintiéndose parte de ese mundo.

La selva no es un paisaje monótono, está llena de matices. Cambia horizontalmente con bosques diferentes que albergan distintas clases de vegetación y fauna; y cambia también verticalmente. La parte más alta de los árboles es el hogar de decenas de especies que se alimentan de las hojas, de los frutos altos o del néctar de las flores. Esos seres son la dieta esencial de los monos que cazan insectos, asaltan nidos, comen roedores o arrancan frutas. En esta cadena alimenticia los primates son el plato favorito de los felinos, que pueden llegar a esa altura de los árboles, o de las águilas y halcones, que los ven desde muy arriba y descienden en picada para capturar a los más pequeños.

Los baquianos indígenas saben que si hay movimientos súbitos en las copas de los árboles quedan señales en la parte media y eso puede indicar el paso de un extraño o la presencia de un depredador.

En la parte intermedia de los árboles crecen los bejucos y lianas, las enredaderas y las hojas que acumulan agua.

Es el mundo de las abejas, las hormigas bala, que se llaman así porque cuando muerden se siente un dolor similar al que produce un disparo, las libélulas, las bellísimas mariposas azules, las avispas de aguijón curvo, los pitos y los escarabajos gigantes. Todos ellos son polinizadores, es decir, mueven los diminutos granos de polen de los estambres, la parte masculina de las flores, a los estigmas, la parte femenina. Estos intermediarios de la vida son el alimento de los pájaros que anidan cerca de ellos.

Hay más de trescientas especies de aves, desde el pequeño colibrí chiribiquete esmeralda hasta los tucanes amazónicos que llegan a medir más de sesenta centímetros y son una de las pocas especies sedentarias de la jungla; el guacamayo azul, de plumaje tan brillante que puede ser visto de noche, o la oropéndola, que construye su nido como una larga bolsa, de casi dos metros, que cuelga de las ramas. Según la leyenda, la primera oropéndola era un niño indígena que nunca encontró el camino para salir de la selva.

Por último está el suelo, que es el receptáculo de todo lo que muere arriba y nace nuevamente en la frenética velocidad vital del Amazonas. La capa vegetal alberga hormigas y gusanos mojojoy, que son un plato apetecido por los indígenas. Por allí se mueve tanto el jaguar, el felino más veloz del Amazonas, como uno de los animales más lentos del planeta: la tortuga morrocoy, que puede crecer hasta 75 centímetros y recorrer 60 metros diarios. Por ahí transitan la danta, el mayor mamífero de la zona, que crece hasta medir dos metros de largo y pesar más de 300 kilos. El piso está lleno de frutas apetitosas pero peligrosas. La gente de la selva prefiere comer las que ya han sido probadas por un animal porque son seguras. En ese nivel se concentraba la mirada de los militares que tardaron unos días en entender la lógica del rastreo indígena y las ayudas espirituales.

—Escuchábamos con atención al señor Rubio y a los demás indígenas para aprender más de ellos, a defendernos en la selva, preguntándoles qué bejucos son los del agua —narra un sargento que trató de aprender las costumbres de sus compañeros de búsqueda—. La fe que tienen con el tema espiritual es grande, se reúnen, son muy unidos. En las noches tuve la oportunidad de verlos haciendo lo de ellos, el tema espiritual, y desde el primer momento siempre les respetamos sus creencias. Ahí es donde hablo con don Rubio, que es como el jefe espiritual de ellos, y le hago la pregunta: "Don Rubio, ¿los niños están vivos?", y me dice "Sí, los cuatro están vivos".

La certeza del taita tenía su respaldo en evidencias físicas. Si uno de ellos hubiera muerto, las aves de carroña estarían rondando y marcando con sus vuelos circulares la ubicación del cuerpo. Recorrer distancias relativamente cortas puede tomar días en la selva, todos los baquianos calculaban en 30 kilómetros la distancia máxima que podían haber caminado los niños desde el lugar del accidente.

—Con las evidencias que íbamos hallando, las huellas, fuimos armando ese rompecabezas de cómo pudo haber sido la trayectoria y teníamos que concluir que seguían vivos —dice el general Pedro Sánchez—, quizás estaban muy cerca, pero nada que los veíamos.

Habían peinado tantas veces la zona que parecía imposible que no hubieran dado con los pequeños sobrevivientes.

A todos les resultaba desconcertante que las huellas que habían encontrado correspondían a la pisada de un solo pie.

—Era una alegría para nosotros porque creíamos que ya íbamos a ubicar a los niños —recuerda Jennifer Tusarma—. Eran las huellas de los niños, pero encontrábamos huellas de un solo pie: el izquierdo. Un solo lado de pie, eso nos hacía embolatar porque encontrábamos el rastro y buscábamos por todos lados y nada. Las huellas que veíamos eran solo del pie izquierdo de la niña mayor. Algunos decían que un espíritu los andaba cargando, no sé si se ha escuchado hablar de la Patasola.

Según una leyenda campesina de varias regiones de Colombia, la Patasola es el fantasma de una mujer infiel que sufre sus penas deambulando por el monte en una sola pierna[12]. El mito no tiene correspondencia en la cosmogonía huitota.

Jennifer asegura que cada vez que encontraban una pista sobre los niños, la naturaleza parecía conspirar para que no pudieran continuar la búsqueda.

—Los que saben decían que llegábamos al pie de los niños y los espíritus los escondían porque había unas partes a las que llegábamos y se oscurecía, empezaba a llover, a tronar, y ahí el espíritu cambiaba de lugar a los niños. El cielo estaba despejado pero apenas llegaban a un punto donde había huellas, llovía, tronaba, se oscurecía, y al rato ya se aclaraba.

Una de esas tormentas súbitas fue intensa pero localizada, parecía que una gruesa pared de agua se hubiera estacionado en un punto para cerrarles el paso hacia la dirección que

12 Javier Ocampo López. *Mitos, leyendas y relatos colombianos.* Bogotá: Plaza y Janés, 2006, p. 132.

indicaba el rastro. Según los rescatistas, cuando se alejaban de la senda amainaba la lluvia, y cuando se acercaban, el cielo parecía venírseles encima.

—Al otro día entró el mayor Rubio —relata Henry Guerrero Fumoraque—. Le dije cómo habíamos buscado a los niños y también que me parecía que los muchachos ya andaban con los duendes porque los rastros estaban lejos. Los duendes a veces se transforman en figuras de animales. Nosotros veíamos huellas raras que no eran de los niños, no eran de humanos, una que parecía de un oso hormiguero o de un armadillo trueno.

—Una vez dejé extendida mi ropa en el campamento y cuando íbamos camino adentro, unos compañeros encontraron mi ropa interior más adelante, estaba toda arrancada, fea. Como a media hora de camino por un lugar que no habíamos recorrido —afirma Jennifer Tusarma—. Eso fue como al cuarto día de haber entrado a la selva. A los muchachos les escondían la linterna, les escondían las botas. Cuando llegábamos al campamento, cada uno se acostaba en su hamaca y los muchachos dejaban las botas al pie de la hamaca, pero cuando ellos se las iban a poner, una de las botas ya no estaba, estaba en otra parte. Una linterna de un compañero también se perdió y no la volvimos a encontrar. Un día estábamos recorriendo territorio y un compañero se quedó solo fumándose un tabaco, se fue a orinar, puso el tabaco en una rama y cuando volteó, el tabaco ya no estaba.

Buscando señales, don Rubio les contó que años antes la selva se quedó con dos hijos suyos. También les aseguraba que había logrado sacar de la manigua a gente que había perdido la conciencia por extraños sortilegios de los espíritus del Amazonas. Una de las personas rescatadas, de acuerdo con su propio relato, es la hermana de Arsenio Revoque, el padre de los dos niños menores.

—Él me dijo que su hermana no aparecía, que llevaba un mes perdida —cuenta don Rubio—. Me concentré a pura mente y descubrí que había que desmascararla porque estaba endiablada, había conseguido un marido, una madre monte. Estaba casada con una danta que ella veía como su esposo. Esa danta la hice matar, con permiso de la selva, y ahí mismo la mujer volvió sola.

Según don Rubio, los duendes pueden adoptar la forma de una planta, de un animal o de una persona, y frecuentemente suplantan a los seres más queridos de quien está bajo el encantamiento.

—Toman la cara de la mamá, del papá, del que sea —asegura el mayor Rubio—. A mi tía Laura la robó un duende, un venado. Se hizo pasar por el marido. El verdadero iba con ella caminando y le dijo que lo esperara mientras buscaba una vara para pescar. Cuando volvió mi tío, la mujer no estaba. El venado se la llevó caño arriba. A los cinco días la encontró comiendo puras pepitas y cuando le preguntó qué hacía ahí, ella le dijo "No, pues yo andaba con usted".

Uno de los oficiales del Ejército conservaba intacto el escepticismo que había aprendido en su formación militar. Escuchaba las explicaciones mágicas de los indígenas y encontraba interpretaciones racionales para todo: los interminables aguaceros son normales en esa época del año, el agua lluvia borraba las huellas parcial o totalmente y los soldados empezaban a ceder a la influencia de los nativos porque querían encontrar consuelo en el más allá para sus frustraciones.

—Respeto enormemente la cultura de los indígenas, pero oí cosas que me daban un poco de risa. No creo que el rezo pueda guiar mejor que un *GPS*. Lo que sí tengo que decir es que la llegada del mayor Rubio llenó de esperanzas a todo el mundo. Algunos porque creían que iba a ser capaz de transar con fuerzas sobrenaturales y otros por la seguridad que mostraba. Él y mi general Sánchez no tenían la más mínima duda de que triunfaríamos y, aunque en un momento empecé a dudarlo, nunca me atreví a expresarlo en voz alta porque no quería bajarle a la gente la moral, o lo que les iba quedando de ella.

—Lo que mantenía viva mi esperanza era la fe y también algo de honor —dice el general Pedro Sánchez—. Cuando hablaba con los comandos les decía "No podemos salir a responder por qué no los encontramos. Aquí vamos a salir contando cómo hicimos para encontrarlos. Hemos cumplido misiones más peligrosas, más difíciles y lo podemos lograr". Obviamente es fe, cuando uno no tiene absolutamente nada, cuando se le acaba todo, lo único que le queda es el alma, es ese espíritu.

Por su parte, don Rubio esperaba que Arsenio Revoque lograra la visión decisiva para encontrar a los niños por su relación familiar con ellos. Sin embargo, los espíritus parecían rechazarlo más que a nadie.

—Yo sentía al duende encima de mí en todo momento —afirma Revoque—. Había noches que no podía dormir porque sentía que algo ya se me venía encima. Estando dormido sentía que me iban a ahorcar, se sentía algo caminando.

Los seis indígenas que acompañaban al mayor Rubio sufrían sensaciones extrañas pero nunca tan intensas como la aterradora persecución de la que Revoque se quejaba. El ambil no parecía suficiente para lograr la visión orientadora, por eso hicieron una primera toma con yagé.

—La primera toma la hizo Arsenio, por ser el papá tiene rasgos con los hijos que de pronto lo iluminaban —dice Henry Guerrero Fumoraque—, pero no soportó el reto espiritual que le dio el yagé. Amanecimos muy tristes.

—No pude, el espíritu es muy fuerte desde esa selva, no pude —dijo Arsenio Revoque al salir del trance del yagé.

La bebida no lo envió a la selva donde estaban sus hijos, sino al resguardo donde había tratado tan mal a su difunta esposa.

—Arsenio no miró nada —evoca con cierta tristeza don Rubio—, que una maloca aquí, que una chagra allá. Yo lo regañé fuerte, no se concentró, "yo no lo mandé a usted a mirar malocas, ni chagras, sino dónde están los niños". Ahí perdimos la primera toma. Revoque tomó el yagé pensando que ese avión se cayó por medio de maldad, o como él tuvo un enredo con una mujer, sentía la culpa de esas muertes, de la muerte de Magali. Eso era lo que él quería mirar, era lo que tenía en la cabeza, no se pudo concentrar en nada más.

La fallida toma terminó en la madrugada. Por la tradición huitota de no llevar nada más de lo necesario, no había más yagé. Se había agotado el bejuco que preparó la madrina María.

—Pensando en confundir al duende le dije a la gente "Ya no se pudo hacer nada, ya mejor nos vamos" —sonríe don Rubio rememorando ese momento—. "Cogemos un bote en el Apaporis, nos vamos a San José". Puro engaño, para que ellos quedaran dormidos con el yagé, y no tanta bulla. Sentí que el duende andaba por ahí viendo.

—Me fue bajando la moral después de eso, me alisté para irme, para no seguir buscando, estaba muy cansado —asegura Henry Guerrero Fumoraque—, pero antes llamé por el satelital a una amiga profesora en el Araracuara para pedirle que buscara a mi tía Serafina.

—Serafina Guerrero, la tía de Henry Guerrero —afirma don Rubio—, ella fue la que preparó el yagé.

—Ella sabe prepararlo, le mandé a decir que nos lo alistara y nos lo mandara hasta San José del Guaviare, de ahí en adelante yo me encargaba de traerlo para que entrara —relata Henry Guerrero.

Un helicóptero militar recogió la poción en San José del Guaviare y la transportó hasta depositarla en el improvisado helipuerto construido cerca del lugar del accidente.

—Me explicaron que don Rubio, porque también estuve con él el día anterior, se iba a tomar esa noche el yagé porque ya habían probado con el otro, pero que no había funcionado —recuerda el general Pedro Sánchez—, entonces entendí que él había sido el artífice de esa estrategia espiritual, de esa estrategia indígena.

El primer intento fallido del mayor Rubio llenó de pesimismo a los rescatistas. No había funcionado la tecnología y aparentemente tampoco funcionaba la conexión espiritual.

Muchos querían rendirse, otros pensaban que quizás los niños sí seguían vivos pero estaban dominados por fuerzas de la selva que no los dejarían salir. Sin embargo, el chamán no estaba dispuesto a darse por vencido. Había prometido que si era necesario daría su vida por la de los cuatro niños y nada lo haría incumplir su palabra.

12

ENCUENTRO

El general Pedro Sánchez se subió al pequeño avión sintiendo un terrible peso en la espalda. Sus años de comandante le indicaban que el ánimo de los hombres estaba por acabarse. Los comandos de las Fuerzas Especiales, acostumbrados a las misiones agotadoras y a obedecer únicamente a la orden o al disparo, no se quejaban en voz alta, pero él notaba la desesperanza en sus ojos. También los indígenas estaban cansados, ya solo quedaban 16 de los casi 100 que peinaban la selva unas semanas antes. La deserción de los socorristas crecía cada día.

Las cartas, como les dicen los militares a los mapas, parecían haber perdido el sentido. Nada obedecía a la lógica geográfica. Los cuadrantes de posible ubicación de los niños abarcaban ya seis kilómetros cuadrados. Un área inmensa pero bastante reducida en relación con lo que habían explorado, y seguían sin aparecer. Si sumaran los recorridos durante el rastreo serían aproximadamente 2.400 kilómetros, equivalentes a la distancia entre Nueva York y Dallas.

—Si yo no creo, de ahí para abajo nadie va a creer —le decía el general Sánchez a su esposa, una médica otorrinolaringóloga y profesora universitaria—, pero además están las pruebas que hemos ido encontrando, las huellas con las que hemos ido armando el rompecabezas de la trayectoria.

El rompecabezas era formalmente impecable pero no llevaba a ninguna parte. Ese día un periodista le soltó a quemarropa la pregunta que no hubiera querido oír:

—General, ¿seguro están vivos?

—Están vivos hasta que se compruebe lo contrario —respondió el militar.

La tarde de ese jueves, 8 de junio de 2023, era de alguna manera la definitiva. Seis personas acompañaron al mayor Rubio durante esa jornada. Uno de ellos el mayor Eliécer Muñoz, líder espiritual del resguardo de Jirijirí, en el río Caquetá. Él era también un profundo conocedor de los secretos espirituales de la selva. El yagé preparado por la madrina Serafina en Araracuara sería el instrumento definitivo para encontrar a los niños. Nadie lo decía pero sabían que si fallaba, las opciones habrían terminado.

—Yo le dije a mi madrina "Mándeme un bejuquito por si acaso" —narra el mayor Rubio—. Unos soldados estaban por ahí cuidándome y les dije "Anden por allá, no me gusta que me miren".

Uno de los militares se animó a preguntar cuando vio la planta que el mayor Rubio tenía en la mano.

—¿Qué va a preparar? —dijo el uniformado.

—Nada, a usted no le importa, mano —respondió con hosquedad el chamán habitualmente afable, mientras empezaba a raspar el bejuco y a rezar en voz alta—. Moo Buinaima, padre creador, con esta fe que usted me concede, me mandó este bejuco para que el diablo me entregue los niños.

Un poco antes de las seis ya había total oscuridad en la selva. El mayor Rubio asegura que un viento helado lo alertó sobre la presencia de un ser sobrenatural en el campamento. Según él, era el duende.

—Le dije "Voy a tomar mi brebaje" —recuerda el mayor—, y el pobre duende buscó, "¿qué brebaje?". Como él sabe que es yagé, me dio vuelta y yo mirando, y a la hora en punto me lo zampé solo, se me fue frío y al ratico me cogió y pin, me tiró allá. Ya me tiró la borrachera, allá en el árbol en la punta me dio vuelta, me vino como una iguana de pa'bajo, así, de cabeza, y los vi. Vi el lugar exacto donde estaban los niños y marqué el punto.

El efecto del yagé usualmente dura 45 minutos. Rubio despertó pensando que volvería a la dimensión anterior para ver a sus compañeros y compartir con ellos la información sobre la ubicación de los niños, que completaban 39 días perdidos en la espesa selva amazónica, pero cuando abrió los ojos no tenía en frente a sus amigos.

—Cuando yo regresé, cuando iba despertándome, encontré al duende —asegura el curandero.

—Usted es el que molesta, usted es el único que jode siempre por esos niños —le dijo el ser extraño de sus visiones—. Mientras la familia no molesta, ni al papá le importan.

Usted no me deja dormir, no me deja vivir, me hace la existencia imposible.

Según la visión del mayor Rubio, el duende era un hombre furioso, de baja estatura y rasgos indígenas. Tenía mucho pelo rizado, vello en el pecho y era muy fuerte. Cuando él le pidió que devolviera a los niños, le respondió:

—Se los entrego, pero aténgase a las consecuencias.

—El problema es entre usted y yo —replicó el mayor Rubio, de acuerdo con su narración—, no toque a los niños. No me toque a mis hijos, ni a mi nieto. No toque a los que me acompañan. Tóqueme a mí, le doy mi vida si es preciso por la vida de estos niños.

La respuesta del duende fue violenta. Rubio asegura que con una mano lo agarró por la garganta y lo alzó en vilo. El espíritu lo sostuvo unos largos segundos suspendido en el aire. Cuando ya sentía que iba a morir por asfixia lo arrojó de espalda contra un árbol.

Cuando finalmente despertó, no estaba cerca de ese árbol sino de otro, pero su voz se quedó ronca como resultado de la presión que sufrió en la garganta. Casi afónico les contó a sus compañeros que ya sabía dónde estaban los cuatro niños. Les dijo además que los pequeños estaban cambiando sus facciones como resultado de un encantamiento:

—Ya están cogiendo carita de animal. Ya ha estado convirtiéndolos, hay que sacarlos del monte.

El mayor Eliécer Muñoz relató en entrevista con *RTVC*, el sistema de medios públicos de Colombia:

—Logramos encorralar espiritualmente porque ya teníamos los espacios exactos donde estaban los niños, pero si nosotros nos metíamos directamente, los correteábamos y se alargaba el territorio de búsqueda. Entonces lo que hicimos el mayor Rubio y yo fue encerrar espiritualmente trochando. Primero, del sitio del accidente al río Apaporis y de ahí a un caño que quedó marcado como la Ye.

Tan pronto amaneció se dispusieron a emprender la caminata hacia el lugar señalado por el mayor Rubio.

—Eran las ocho de la mañana, de inmediato me puse las botas, alisté mi maletín, me fui donde el capitán Díaz y le dije "Hoy vamos a encontrar a los niños, pero le voy a decir cómo tenemos que buscarlos. Vamos al punto donde se encontró la blusita amarilla porque es la última huella real que hay" —afirma Henry Guerrero Fumoraque—. Nos fuimos al punto y se nos unieron los comandos de la unidad TAC 1 y luego de Buitre.

Aunque iniciaron el rastreo con los militares, el mayor Rubio ordenó que únicamente los indígenas continuaran con él. Por seis horas caminaron a través de una senda caprichosa que se iba abriendo a su paso sin necesidad de cortar una rama o de franquear un arroyo. Nadie tuvo que usar el machete, era como si recorrieran un camino despejado, aunque transitaban lugares jamás pisados por un ser humano. La selva virgen no oponía ninguna resistencia y el clima era fresco y propicio para el avance.

De pronto, entre los frondosos árboles, el mayor Rubio identificó uno en particular. Un escalofrío le recorrió la espalda de arriba abajo. Era el mismo contra el que lo había tirado el duende la noche anterior. La sensación se convirtió en terror cuando vio la huella de su propio cuerpo al pie del tronco, entre la hojarasca y las raíces. Inexplicablemente había un rastro físico, en el mundo material, de lo que había sucedido durante su visión de yagé.

—Ahí paré yo —asegura Rubio—, recordé que me había dicho que me atuviera a las consecuencias y supe que podía matar a los niños si entraba a su territorio. Entonces les dije a los muchachos "Vayan y tabaqueen a los niños", y yo empecé a tabaquear como 100 metros a la redonda de ese sitio, mientras les indicaba hacia dónde debían avanzar.

Antes de separarse encontraron un morrocoy, una tortuga de tierra de caparazón negro y manchas amarillas. De acuerdo con las cosmogonías amazónicas los morrocoyes conocen los secretos de las demás criaturas y pueden conceder deseos a cambio de su vida.

El mayor Eliécer Muñoz se abalanzó sobre la tortuga, la amarró con una cuerda y le dijo:

—Morrocoy, usted me va a entregar a los niños o si no me le voy a comer el hígado.

—Y yo me le voy a tomar la sangre —amenazó Nicolás Ordóñez, otro de los miembros del reducido grupo de rastreo.

La tortuga quedó amarrada en ese sitio y mientras el mayor Rubio fumaba alrededor del lugar, los otros cinco indígenas caminaban en la dirección que él les había señalado. Los mayores Rubio y Muñoz tenían que limpiar espiritualmente el territorio para que la selva les permitiera entrar en ese último círculo donde supuestamente estaban los niños. De acuerdo con la visión, a 1.400 metros de ahí, al lado de una palma milpesos, estarían los pequeños. Eran cerca de las dos de la tarde cuando vieron la palmera en el sitio indicado por Rubio. Edwin Manchola recuerda lo que pasó en ese instante:

—Logramos ver un movimiento dentro de la selva. A una distancia de unos 30 metros vi algo que se movió. Me quedé parado poniéndole cuidado. Por ahí venía el compañero Nicolás y había una mata de espinas. Él trató de meterse más para allá y oí un llanto, prácticamente no los veíamos, pero sí escuchábamos como la voz de ellos y entonces dije: "¡Los niños, los niños, ahí están los niños!".

No los veían, los presentían. Estaba la palma milpesos descrita por el mayor Rubio, pero no los niños. Detrás de una mata de espinas percibían el lejano susurro de un llanto confundido con los sonidos de la selva, ¿era una alucinación?

Nicolás atravesó las espinas y encontró que quien lloraba era Antonia, la bebé que había cumplido un año en la selva. Estaba acunada en el brazo derecho de su hermana mayor Loly, de trece años, quien llevaba en la otra mano a su hermana Sonia, de nueve. Estaban a escasos 10 metros del lugar indicado en la visión del mayor Rubio.

—Nicolás se echó un poquito más para adelante para que los niños vieran que éramos humanos y que los estábamos buscando —recuerda Edwin Manchola—. Al ver que sí éramos humanos los niños corrieron hacia él.

Los niños estaban tan desnutridos que se podían contar los huesos en sus caras. Loly tenía algo en la boca, eran semillas de milpesos que maduraba con su saliva para dársela de comer a sus hermanitos. Solo se veían tres, pero los sobrevivientes eran cuatro. Cuando preguntaron por Toto, de cuatro años, su hermana mayor señaló hacia un punto situado unos metros más adelante. El niño estaba dentro de un toldillo en un pequeño refugio techado y acolchado con hojas de bijao para que descansara lejos de los insectos. La ropa estaba húmeda sobre su cuerpo. No tenía fuerzas para caminar pero sí para hablar.

—Mi mamá se murió —fue lo primero que dijo Tien.

—Pero ahí está la abuela Faustina. Aquí está su tío, su papá, todos vinimos a buscarlos —contestó con dulzura Nicolás Ordóñez—, ustedes son la razón por la que nosotros estamos aquí.

Fue entonces cuando los buscadores y los cuatro niños se fundieron en un abrazo y mientras el mayor Eliécer Muñoz encendía un tabaco para iniciar el ritual de purificación, se volvió a oír la voz de Toto:

—Tengo hambre, quiero fariña con chorizo, con salchichón.

Solo les dieron de tomar agua bendita, la misma con la que los rociaron. Jerson Vásquez, indígena coreguaje que hacía parte del grupo, mezcló unas papeletas de suero fisiológico con el agua para hidratar a los pequeños.

La grabación hecha con un teléfono celular muestra el emocionante momento. Mientras uno de los rescatistas repite "Dios nunca falla cuando se pide con realidad", Nicolás arrulla en sus brazos a la pequeña Antonia y espontáneamente entona la misma canción de cuna que les cantaba Magali, su mamá fallecida:

Jitoma, Jitoma, biiyii
Buinaima, Buinaima, biiyi
Anana eiño Buinaiño ari
Biya yezika kaifona Jitoma biiyii
El sol, el sol llega
La luz que apaga la oscuridad
Desde abajo, la madre va a venir a entregar el consuelo
En ese instante, desde arriba, el sol llega.

13

¡MILAGRO, MILAGRO, MILAGRO!

Nicolás Ordóñez llevó a Antonia en sus brazos. Dairo Gabriel Cumariteque, miembro de la Guardia Indígena del Amazonas, levantó a Toto para empezar la larga caminata. Los niños pesaban muy poco, sus huesos se podían sentir debajo de su piel. Estaban muertos de hambre pero los mayores José Rubio y Eliécer Muñoz recomendaron darles únicamente agua, suero y abrazos. Loly y Sonia aún tenían fuerzas para andar. Los rescatistas empezaron a deshacer los pasos tratando de pisar los mismos sitios que los habían llevado hasta ahí. Soplaron a los niños con tabaco, incienso y agua bendita para aliviarlos del encantamiento de selva al que habían estado sometidos, según decían los taitas.

—Somos familia, les decía —relata Nicolás Ordóñez—, fue un momento donde se encontraron muchos sentimientos. El más grande fue el amor y el segundo fue el valor. También agradecimiento a los mayores que en los diferentes lugares y malocas pusieron en nuestras manos ese alimento espiritual: la palabra dulce, fresca y tranquila que nos dieron. Los mensajes que nos llegaron a través de los sueños y de los sentidos.

—Lo habíamos hablado antes —afirma Cumariteque—. Cada uno iba a cumplir una de las funciones que los mayores nos dieron: soplar tabaco para desmascararlos, como decía el mayor Rubio, para que ellos pudieran coger el calor humano nuevamente.

—Ese momento fue muy sentimental —asegura Edwin Manchola—, después de cuarenta días sin saber cómo los íbamos a encontrar: enfermos, flacos, acabados. Poder arrimarnos y darles los primeros auxilios, darles una voz de aliento, hablarles, decirles que éramos la familia, que los estábamos buscando de parte de los abuelos; bueno, muchas cosas más.

El arrullo en homenaje a Jitoma, el sol, retumbó en el bosque. Los voluntarios indígenas decían que la luz había quitado una venda de sus ojos, que el yagé había apartado la oscuridad y la incertidumbre. El primer punto de parada fue el lugar donde habían dejado al morrocoy amarrado.

—Llegamos ante el bicho —relata el mayor Eliécer Muñoz— y le dimos las gracias por las instrucciones que nos había dado. Lo dejamos en libertad y le dijimos "Morrocoy, bien puede irse".

La selva, que en el camino de ida les había sido propicia y liviana, parecía querer complicarles el regreso. Los senderos despejados unas horas antes se tornaron pesados y difíciles. Una humedad agobiante se acumuló en el aire, como si fuera a desatarse un aguacero que no empezaba. Sentían los pies pesados y se resbalaban constantemente, pero el mayor Rubio señalaba el camino sin hablar.

—Vi las caras de los niños que ya se estaban desfigurando. Estaban cogiendo rasgos de animalito —asegura el mayor Rubio—. Sentí un espíritu que los estaba cuidando. No era el duende, sino otro. Decía que los niños habían caído del cielo al monte y que tenían que ser suyos. El más afectado era el hijo de Carretán (Toto, de cuatro años, hijo de Arsenio Revoque). Yo tenía un pancito de ración y partí un pedacito como para un pajarito, lo volví polvo en los dedos y le puse las migajas en la boquita. No lo masticó, se lo tragó como si fuera un pollito. Eso y Pedialyte era lo único que podía aguantar. Dos días más y no lo hubiéramos encontrado vivo.

Los rescatistas, que ya se entendían solo con miradas, habían decidido no probar alimento hasta que se encontraran con los militares. El ayuno tenía cierto sentido místico pero sobre todo era un acto de consideración con los cuatro niños, trozados por el hambre, y a quienes una comida sólida podría matarlos. En medio de la exigente caminata, Nicolás no pudo resistir más y le metió el dedo a una ración militar que cargaba en la mochila. Pidió perdón de corazón por hacerlo pero ese pequeño bocado le dio la fuerza que necesitaba para continuar.

Loly seguía en un profundo silencio. Solo asentía con la cabeza, dando a entender que oía perfectamente lo que le decían. Según el mayor Rubio, en un momento ella estuvo a punto de salir corriendo:

—Al comienzo ellos eran como micos. Por eso les dijimos "quietos" en idioma huitoto y en castellano. "Yo soy su abuelo, soy su tío, no corra Loly, usted quieta", porque iban a salir corriendo. Ahí se puede ver en la foto que ella quedó ahí parada, como asustada.

Sonia, en cambio, parecía sonreír en medio de su silencio. Miraba con curiosidad los parajes que los habían albergado por tantos días. Giraba su cabeza para buscar el pájaro que volaba o el mono que saltaba en las copas de los inmensos árboles. No tenía fuerzas para hablar pero algo en ella mostraba ánimo y esperanza.

Era de día aún, pero curiosamente los cantos de la selva sonaban como los del anochecer, como si una nube negra los acompañara. Habían caminado tres horas y media y empezaba a irse el sol.

—Llegamos como a las cinco pasadas porque cargar a los niños hacía más lenta la marcha —recuerda el mayor Rubio—, aunque eran livianos, uno con el pequeñito y con el *GPS* haciendo trocha, les dije "Si damos la vuelta pues nos dan aquí las diez de la noche. Entonces rompan por aquí derecho que por aquí están". Entonces ya era entre claro y oscuro, ya no podíamos ni ver. Estábamos Nicolás, Dairo, Eliécer y Edwin, el otro muchacho de ojos pequeñitos que gritó "¡Milagro, milagro, milagro!".

Los militares estaban cerca pero no tanto como para oír la consigna de éxito. El sargento jefe del grupo TAC 1 acababa de terminar el reporte diario a la comandancia. El nuevo "parte sin novedad" había sonado descorazonador en Bogotá.

—Ese día yo termino el programa radial como a las 4 y 40 de la tarde, reportando lo que se hizo en la jornada: "No encontramos nada". Ya era la hora de comer, porque si usted no come a las cinco de la tarde en la selva ya no come porque se oscurece totalmente, así no se puede preparar la ración de campaña. Estábamos haciendo los alimentos cuando percibimos un olor a tabaco fuerte, y por ahí no hay nada. Por la hora uno empieza con la desconfianza del enemigo en el sector, y volvía y todos sentíamos el olor, entonces ordené a tres soldados hacer una exploración, un registro, verificar y cuando ellos van, ahí es el impacto.

Uno de los asignados era un cabo, de origen indígena, él desaseguró el fusil y avanzó instintivamente por una trocha tratando de ubicar el olor a tabaco. Caminó menos de diez minutos hasta encontrarse con el grupo de rescatistas del Putumayo.

—Yo me impacté, me quedé como quieto. Cuando llegaron no dijeron la clave que era sino otra palabra diferente. La clave era "milagro", pero entonces llegaron con "victoria" y "bingo". No importó porque sabíamos lo que significaba.

El sargento que comandaba el pelotón avanzó a trote hasta el lugar, corría y saltaba como solo podía hacerlo un lancero.

—Nos encontramos con dos nativos y dos de los menores. Lo primero que yo hice fue atenderlos. Reporté como quince minutos después porque la prioridad era estabilizarlos. Si hago el informe de los primeros dos niños me van a coger los jefes… "Pero ¿faltan dos?… Estaban muy delgaditos, muy flaquitos, la piel… no pesaban nada… Hay una foto donde yo tengo al pequeñito y no se sentía nada. Traen los otros dos, y cuando veo que ya están los cuatro, ahí sí me preparo para hacer el reporte a mi jefe.

El video del momento, grabado por uno de los rescatistas indígenas, deja oír la voz de uno de ellos diciendo:

—Estamos entregando a los niños a la fuerza armada de Colombia. Los encontramos a una distancia de 4 kilómetros y medio.

—Uy, pero estaban en la puta mierda —se alcanza a escuchar una voz militar.

Uno de los soldados, entrenado en técnicas de supervivencia, sacó de su mochila suero oral y agua esterilizada para auxiliarlos.

—Preparé suero y empecé a suministrarles suerito a los niños, empecé con el niño que estaba más débil. Pensábamos que la bebé iba a ser la más débil, pero no, el niño ya estaba más débil, ni sentado se sostenía.

El sargento, un hombre curtido en años de combate, tomó el radio de comunicaciones y no pudo impedir que se le quebrara la voz, cuando repitió la consigna:

—¡Milagro, milagro, milagro!

En ese momento el líder indígena del Araracuara Henry Guerrero Fumoraque estaba al lado del capitán que comandaba la Compañía Buitre, anunciándole su deseo de retirarse de la operación de rescate.

—Nos vamos todos —anunciaba Guerrero Fumoraque.

—Yo no, tengo que buscar al perro —respondió el oficial, a quien en ese preciso instante le sonó el radio—. ¡Guerrero, encontraron a los niños! Lo acaba de reportar la unidad TAC 1.

—Fue el grupo del Putumayo el que los encontró —Guerrero Fumoraque recuerda que corrió a abrazar a Arsenio Revoque, el padre de los dos más pequeños.

Mientras tanto el suboficial enfermero pedía indicaciones médicas para tratar a los niños.

—Nos dieron un número de un pediatra. Cojo el satelital y busco un sitio con señal, llamo, y me manifiestan que hidratación toda la que quisiéramos, pero comida no. No poderles dar y el niño de cuatro años diciéndome. Y yo les decía "No, poquita comida porque no se puede". El niño me decía "No, yo quiero mucha comida". Escuchar eso es desgarrador. Se me aguaron los ojos, pero estábamos concentrados en la misión de extraerlos lo más rápido posible.

El cabo indígena que hacía parte de esa unidad de las Fuerzas Especiales fue el encargado de atender a Antonia, la bebé.

—Me di cuenta de que no podía tomar suero con el envase que teníamos, y apenas pedía, pedía. El impacto de ver la fisionomía de ellos, como estaban, los cuerpos tan delgados, no sé si se pueda decir cadavéricos prácticamente, y cargarlos, eran tan livianos. La bebé no pesaba nada, yo la agarraba y la niña apenas se quedaba como cuando uno consiente un bebé que se le recuesta, daba tanta tristeza de pensar todo lo que vivieron ellos, y uno recordando a los hijos. Recosté a la pequeñita un momento ahí al lado del hermanito y se puso a llorar, quería que la cargara. La volví a cargar.

Mientras tanto en Bogotá, el general Yor Cotua, comandante de la División de Fuerzas Especiales, se enteraba de la noticia.

—A través de un radio me dijeron "¡milagro, milagro, milagro!", que era la clave si encontrábamos a los menores. Mi general Sánchez estaba en una reunión, subí, prácticamente me entré y lo saqué de la reunión.

—Permiso, mi general —dijo Cotua, y mientras golpeaba los talones de sus zapatos y se llevaba la mano derecha a la frente para hacer el saludo militar, y exclamó—: ¡milagro, milagro, milagro!

—¿Cómo están? —preguntó el general Sánchez mientras abrazaba a quien había sido su mano derecha en la operación más exigente de su carrera.

—Están vivos —respondió Cotua.

—Son las 5:15 —dijo el general Sánchez mirando su reloj, y ordenó—: a las 7:30 evacuación. Alistamiento inmediato. Preparen el ángel.

Se refería al helicóptero UH60, que contaba con un equipo de grúa de rescate y hombres entrenados en operaciones de exfiltración, es decir, en sacar personas de áreas de conflicto, en condiciones adversas. Inmediatamente después, el general Sánchez se comunicó por radio con el Comando Aéreo de Combate N.° 6 en Tres Esquinas, Caquetá.

—Necesitamos el fantasma urgente.

Fantasma es el nombre que en Colombia se le da al avión Douglas AC-47 que ha sido adaptado para guiar otras aeronaves y tropas terrestres en misiones diurnas y nocturnas. Una de las tareas frecuentes del fantasma consiste en iluminar con bengalas las noches de combate.

—¿Cómo van a estar las condiciones del tiempo? —le preguntó el general Sánchez al comandante de la base de Tres Esquinas.

—Van a estar estables —respondió.

—OK, ¿y cómo va a estar la luna? ¿La luminosidad?

—Está en cero, mi general —se sintió la preocupación al otro lado de la línea.

—Hermano —respondió coloquialmente el general—, lleve *full* bengalas en ese avión fantasma, *full* bengalas. Esta noche lo logramos.

Tan pronto terminó la comunicación con Tres Esquinas, el general Pedro Sánchez le dio la buena nueva a su superior, el comandante general de las Fuerzas Militares, el general Helder Fernán Giraldo Bonilla, quien recibió la información con alegría y le anunció que lo comunicaría al presidente de Colombia, Gustavo Petro, quien a esa hora volaba entre La Habana y Bogotá.

El día había sido agridulce para el mandatario colombiano. Acababa de pactar en Cuba un cese al fuego con el Ejército de Liberación Nacional (ELN), la guerrilla activa más antigua de Colombia. Esa era una buena noticia para el proceso de paz que impulsaba pero, al mismo tiempo, su gobierno estaba sumido en un escándalo por el presunto abuso de la inteligencia estatal para espiar a una niñera que trabajaba para su jefa de gabinete. El teléfono celular de la empleada doméstica había sido intervenido ilegalmente poco después de que la declararan sospechosa de haber robado 7.000 dólares en efectivo de la casa de la alta funcionaria.

—Solo cuando aterrizó el avión, entró la señal —rememora el presidente Gustavo Petro—, nos enteramos y fue una inmensa alegría. Una felicidad grandísima por el triunfo de la vida, pero solo me duró un momento porque media hora después, cuando iba del aeropuerto a la Casa de Nariño, me enteré del suicidio del coronel Dávila, lo supe por el miembro de la seguridad que iba adelante en el carro, un mayor de la Policía que se puso a llorar porque eran amigos.

El mismo día del encuentro de los niños se conoció la muerte del coronel Óscar Dávila, jefe de las avanzadas de seguridad del presidente Petro, y cuyo nombre había sido mencionado con relación al escándalo de espionaje a la niñera. De acuerdo con el informe forense de la Fiscalía, el oficial de la Policía se suicidó disparándose dentro de un carro frente al edificio donde vivía con su familia.

Mientras eso pasaba en Bogotá, desde la selva el líder indígena Henry Guerrero Fumoraque trataba de comunicarse con el general Pedro Sánchez.

—Yo arranqué otra vez al sitio de la avioneta porque allí estaban dos mecánicos de Aerocivil sacando lo último bueno del aparato, y tenían teléfonos satelitales. Le dije a uno de ellos que se llama Juan Carlos que me regalara un minuto para llamar a Bogotá.

—Pero solo un minuto porque está muy caro —dijo el técnico.

—Es que encontraron a los niños —respondió Guerrero Fumoraque.

—¿¡Cómo, hermano!? —replicó el técnico—, coja ese teléfono y gaste todos esos minutos.

Al primero que llamó fue al general Sánchez, quien ya conocía la noticia pero se puso feliz de poder celebrarla con el indígena.

—Hola, viejo, ¿cómo estás? —respondió el general—, tengo miles de llamadas, pero solo he recibido la tuya.

Después Guerrero Fumoraque se comunicó con la familia de los niños.

—Llamé a la abuela, le dije "Faustina, encontramos a los niños", a esa señora la alegría la golpeó porque terminó hospitalizada. Más adelante marqué a Araracuara a la comadre Martha Muñoz, y también se puso a llorar, y luego llamé a la profe. Esas fueron las cuatro llamadas que hice.

Rogelio Muyui, el abuelo materno de los niños, quien se enteró por su esposa, dijo entre lágrimas que los hechos estaban corroborando lo que desde el primer día le indicó su corazón.

Las primeras fotos de los niños, tomadas por indígenas y soldados, fueron transmitidas por teléfonos satelitales, como lo recuerda el sargento que reportó el hallazgo.

—Mis jefes necesitan evidencias, entonces tomamos fotos, por el afán ninguno se acomodó, inclusive yo salgo con un satelital en la mano, un *GPS* aquí en la otra para hacer las coordinaciones y extraer a los niños lo más rápido posible.

Arsenio Revoque, padre de los dos niños menores y padrastro de las dos mayores, empezó a caminar hacia el lugar en el que estaban los niños, guiado por un *GPS* y acompañado por Henry Guerrero Fumoraque.

—Cuando llegamos al punto de encuentro de los del Putumayo con los comandos, vimos a los niños acostaditos.

Me acerqué de una a Loly para saludarla —dice Guerrero Fumoraque—, el helicóptero seguía dando vueltas. "Loly, yo soy Henry Guerrero, ¿se acuerda de su tío? ¿Se acuerda que yo le enseñaba?". Ella fue alumna mía de escuela, cuando mi señora hacía una gestión yo me quedaba en la escuela y enseñaba lo básico de primaria, todas las áreas que se dan. Noté que ella me reconoció, los vi en condiciones de desnutrición muy berracas. La niña me miró, pero no me dijo nada.

Tampoco cruzó palabra con su padrastro.

El suboficial encargado de la atención de Loly anotó en un parte las lesiones que le encontró.

—Tenía una herida en la cabecita ya cicatrizada, se la observo, era muy grande, y tenía también como un hematoma, algo así, en la frente. Tenían muchas ronchas de picaduras. Le pregunté a la niña "¿Tiene frío?, ¿tiene hambre?" Y contestó "Sí, frío, hambre". Corrí, saqué una camisa mía, se la puse y luego le pregunté a la otra niña si tenía frío y también dijo que sí. Traje una cobija, se la puse, sacamos mantas térmicas para cubrirlos a todos.

Sonia estaba al cuidado de otro soldado que había recibido instrucciones telefónicas de un médico pediatra.

—Yo cargué la niña de nueve años. Era impresionante sentir la sensación del peso de ella. Yo tengo una niña de dos años y para mí la sensación era que mi niña de dos pesaba más que una de nueve. En el caso mío era alzarla con esa fragilidad para no lastimarla. Trataba de caminar despacio, yo la cargué en la espalda, ella me abrazó y era como tratar de inclinarme y trotar un poco despacio para no maltratarla. Sentir esa fragilidad es impresionante, movía la cabeza y no respondía con voz.

La noche había caído sobre la selva y los niños debían ser llevados hasta el helipuerto, improvisado en un claro de la jungla, para viajar a un hospital. Los habían encontrado, pero era pronto para decir que estaban fuera de peligro.

14

EL VUELO
DEL ÁNGEL

Físicamente resultó imposible llevar a los niños hasta La Hache, como llamaban al helipuerto construido en la selva. Moverlos en la oscuridad y en ese estado de extrema debilidad multiplicaba los riesgos. El general Pedro Sánchez estuvo pendiente de cada detalle. Puso al mejor enfermero de combate en la zona y le pidió que estuviera permanentemente comunicado con uno de los pediatras más calificados del Hospital Militar Central de Bogotá. Una línea satelital se convirtió en el cordón de vida de los cuatro niños. Ordenó que desde la base aérea de Apiay, cerca de Villavicencio, despegara el ángel, un helicóptero UH 60 equipado para misiones de rescate. Luego habló con su superior jerárquico, el general Luis Carlos Córdoba, comandante de la Fuerza Aérea Colombiana.

—Mi general, para solicitarle el avión C-295 —requirió Sánchez—. Está en Cali, necesito traerlo a Bogotá para recoger un grupo de pediatras, neonatólogos y llevar equipos, hacia el Guaviare.

—Sánchez, ese avión está en Cali para mover una tropa suya —respondió el general Córdoba.

—Cancelado el movimiento de esa tropa, mi general. Con su permiso, necesito el aparato para sacar a los niños de la selva.

El avión medicalizado les brindaría unas horas de diferencia para estabilizar a los pequeños y transportarlos a un hospital de primer nivel, pero nada de eso sería posible sin sacarlos antes de la zona. Todo dependía del ángel, o mejor dicho de su tripulación: dos pilotos, un técnico de vuelo, dos RP (expertos en recuperación de personal), y el TER (técnico de equipos de rescate), este último opera la grúa por la que bajan los rescatistas, suben con los rescatados, controla el efecto pendular para evitar que se golpeen y los recibe en el aparato.

Al mando de ese equipo estaba el mayor Julián Novoa, piloto de helicóptero especializado en rescate, quien recibió una orden de una sola palabra: "Reacción". Él y sus hombres alistaron en minutos el aparato para la extracción y, como es costumbre en las operaciones de combate, solo el comandante conocía el objetivo de la misión hasta el despegue. Los tripulantes recibirían instrucciones cuando ya estuvieran en vuelo para evitar filtraciones de información.

—Muchachos, vamos por los niños. Están vivos —le dijo el mayor Novoa a su tripulación.

—¿En serio? —preguntó con emoción el técnico de equipos de rescate.

—Sí, vamos a ir a sacarlos. Nos toca volar hasta Calamar, en el Guaviare, reabastecer y luego devolvernos 65 millas en línea recta. Nos van a dar las coordenadas exactas.

El clima era ideal. Tenían un horizonte despejado y veían el maravilloso paisaje del "sol de los venados", como se conocen los arreboles que pintan de rojo el atardecer de los inmensos llanos orientales de Colombia. Habitualmente el tiempo estimado de vuelo entre Apiay y Calamar es de una hora y 10 minutos, sin embargo cubrieron la ruta en 57 minutos. El mayor Novoa sabía que cada segundo contaba.

—En Calamar me dieron coordenadas y nos abastecimos. Así como inicialmente era importante llegar rápido al área, en este punto era determinante ahorrar combustible. Debíamos ir despacio, gastar lo menos posible y de esa manera garantizar el mayor tiempo de sobrevuelo de rescate.

No había luna esa noche, los tripulantes del ángel sabían que eso reduciría la visibilidad prácticamente a cero y complicaría muchísimo la operación.

—Cuando uno vuela con visores nocturnos, un factor importante es la luna, que nos ayuda a ver. Es la fuente de luz para que los visores tengan un buen funcionamiento —explica el mayor Novoa—. Ese día no había luna. Fue como entrar a un cuarto oscuro sin linterna. Cuando no hay luna, los visores empiezan a comportarse como un televisor sin señal, la pantalla solo da tonos negros y verdes.

El general Sánchez, veterano piloto de helicópteros, conocía la dimensión del reto que afrontarían sus hombres.

—El riesgo era inmenso y el piloto tenía que administrarlo. Primero, la operación era en la selva, donde no hay referencias de luces, o sea, todo es oscuro, y uno puede confundir el cielo con la tierra, o sea, si no tienen los visores no se sabe dónde comienza el cielo o dónde termina la tierra, no ve el horizonte, solo hay negro.

Al lado del mayor Novoa estaba el subteniente Daniel Quiñones, copiloto; el técnico segundo Christian Beltrán, tripulante derecho; el suboficial Daniel Cortés, tripulante izquierdo; los expertos en recuperación de personal eran el técnico segundo Erick Quintero y el técnico tercero Dixon Ruiz; y por último el TER Leonardo Félix, de cuya destreza dependía, en gran medida, el éxito de la misión.

—Tenemos que ir nivelados, ni para abajo ni para arriba, porque sabemos que no vamos a encontrar nada que nos oriente —les dijo el mayor Novoa a sus tripulantes—. Por donde entremos tenemos que salir.

Cuando llegaron al sitio de las coordenadas no veían nada. Pero encontraron una ayuda determinante en el terreno, allí estaba un suboficial de la Fuerza Aérea de apellido Rodríguez que se había descolgado por una soga desde otro helicóptero y que les informó, usando un radio de supervivencia, el sitio exacto donde estaban los niños.

—Rodríguez, préndame lo que sea, linternas, láser, lo que tenga —pidió el piloto del ángel.

—Como ordene, mi mayor —respondió el suboficial encendiendo y apagando una linterna, la débil señal luminosa fue suficiente para guiarlos.

—Ya lo tengo identificado. Vamos a ver cómo es esto —le dijo el mayor Novoa, tratando de ubicarse sobre el minúsculo destello. El movimiento del helicóptero ocultó la luz por unos segundos.

—Me está pasando por encima —indicó el suboficial Rodríguez, a través del radio de supervivencia.

—Listo —respondió el piloto e instruyó a la tripulación—, configúrense para hacer grúa de rescate porque no hay un lugar de aterrizaje.

La grúa iba a operar a una altura de 140 pies, algo más de 40 metros. El cable tiene una extensión de 250 pies, 76 metros. La guaya metálica puede izar 600 libras de peso controlado por la grúa de rescate. La dificultad de la operación consiste en que el extremo superior de ese cable está atado a un aparato en movimiento y que debe permanecer tensionado y lo más cercano a una línea perpendicular estática. Si se inicia un movimiento pendular, más allá de un límite controlable, peligra el rescate y en casos extremos la estabilidad del helicóptero. En otras palabras, el cable se puede mover horizontalmente en ascenso o descenso pero verticalmente debe permanecer estático o lo más cercano a ese estado.

—Hay algo dolorosamente claro —recordó el general Sánchez—, es una instrucción obligatoria para un equipo de rescate: si hay una emergencia se corta esa guaya porque de lo contrario se pone en riesgo a toda la tripulación.

No había luz, las condiciones de visibilidad eran adversas, el cable de la grúa iba a estar rodeado de árboles y, para colmo de complicaciones, las personas a rescatar no tenían entrenamiento previo.

Por lo menos el clima era bueno.

La maniobra para llegar al punto exacto para izar a los niños fue de por sí difícil. Los ojos del piloto eran los tripulantes izquierdo y derecho. Ellos lo fueron conduciendo hasta el lugar más propicio, donde el TER pudiera ver el piso. La visual de la grúa es la condición mínima para intentar un rescate. Lograron ver ese punto. Entonces, el mayor Novoa encendió la luz de aterrizaje del helicóptero, una decisión usualmente contraindicada en una operación de combate.

—Aquí no me importa que haya grupos al margen de la ley, ni que me vean —comentó el piloto a sus tripulantes—. La luz de aterrizaje es la única ayuda que tenemos para que funcionen los visores.

—Están en la ubicación, encima de mí, mi mayor— indicó el suboficial Rodríguez.

Los hombres de las Fuerzas Especiales que estaban al cuidado de los niños entendieron con pavor la proeza de la que dependían y pensaron que para los pequeños sobrevivientes las posibilidades no estaban a favor. Además no debía ser fácil para ellos volver a volar.

—Estuvieron en una avioneta que se accidentó, donde perdieron a su mamá y vieron morir a otras dos personas —comentó el sargento jefe del grupo TAC 1—. Ahora tienen que volver a subir a una aeronave, y la forma en que se suben es una cuerda delgada, baja un rescatista, lo abraza, lo engancha y lo sube al helicóptero.

—Se iba a usar un elemento que en el argot de nosotros se llama penetrador de selva —afirmó el soldado que cuidaba a Tien—. Un rescatista baja, se amarra con los niños y trata de subirlos. La preocupación de nosotros era la fragilidad de los niños. El temor de uno al amarrarlos, de apretarlos, de cogerlos, por el estado tan delicado en el que se encontraban.

Una de las partes más exigentes para el piloto es mantener el helicóptero en vuelo estático. Es necesario ubicar el aparato de frente al viento, si la corriente lo golpea de cola puede perder el control. El aire se mueve tanto vertical como horizontalmente, el vertical se llama turbulencia y el horizontal viento lateral. El piloto debe tener en cuenta muchas variables: el peso del combustible, el de los pasajeros y el de los rescatados, el eventual movimiento pendular del cable, que debe ser compensado para evitar que la oscilación ponga en peligro a los rescatados o la estabilidad de la aeronave.

—Se requiere mucho conocimiento, entrenamiento y pericia, y él la tiene. Toda esa tripulación la tiene —decía el general Sánchez, quien ya no hablaba solo como comandante sino también como piloto de helicóptero—. Tienen que operar con una coordinación absoluta porque es el tripulante que está aquí a la derecha, se corrió a la derecha, el de la izquierda, se corrió atrás, el copiloto diciéndole cómo están los instrumentos de cabina porque puede tener una falla del motor o una emergencia, el TER anunciando el descenso del tripulante, el que baja comunicando su ubicación y haciendo señas de que está tocando tierra.

—Ya estamos ubicados en el punto —indicó el mayor Novoa—, vamos a hacer la primera extracción. Grúa, grúa, grúa.

La instrucción indicaba que el TER debía sacar del helicóptero la mayor parte de su cuerpo, extraer el brazo de la grúa y empezar a bajar la silla de rescate, que mide un metro y tiene la forma de una letra *T* mayúscula invertida. En un lado se sienta el rescatista y en el otro el rescatado. Los dos se aseguran mediante un sistema de argollas de escalador, conocidas como mosquetones, y el rescatista abraza al rescatado para protegerlo con su cuerpo.

El suboficial técnico Erick Quintero descendió a través del cable. Los primeros que serían izados serían la bebé Antonia y su padre Arsenio Revoque. El rescatista tranquilizó a Revoque, lo enganchó con las argollas y los abrazó a él y a la niña, mientras daba la señal de empezar el ascenso. El motor de la grúa empezó a girar, elevándolos en un movimiento lento pero constante. El suboficial compensaba con el peso de su cuerpo la tendencia pendular. Pasaban a centímetros de las ramas, pero no las tocaban.

—Cuando subimos a la bebé y al papá fue en las condiciones más fáciles —recuerda el mayor Novoa—, no estaba lloviendo. La operación duró siete minutos. Una vez estaban arriba moví el helicóptero para dar una vuelta, descansar del vuelo estático, y reposicionarlo. Cuando se hace grúa uno tiende a estar muy rígido porque cualquier movimiento que uno transmita del cuerpo al control se ve reflejado en el rotor del helicóptero, por eso uno tiene que ser muy cuidadoso.

Un helicóptero se opera con las cuatro extremidades. La mano derecha se encarga del cíclico, es decir, la palanca que hace que el helicóptero se mueva adelante, hacia atrás o hacia los lados. La mano izquierda se ocupa del colectivo, esta es la palanca que maneja la potencia y el vuelo vertical ascendente o descendente. Y los pedales, que además funcionan de manera contraintuitiva: si se presiona el derecho se desvía la cola del helicóptero hacia la izquierda y la nariz a la derecha; en cambio, si se presiona el pedal izquierdo la nariz del aparato gira en ese sentido. El vuelo estático es un ejercicio de quietud digno de un maestro de yoga.

—En la segunda extracción yo les dije que estaba cansado —relata el mayor Novoa—, esa maniobra de no moverse es agotadora, mucho más que la de moverse. Si yo muevo un pedacito de mi cuerpo, eso se ve reflejado en el helicóptero, es decir, si yo muevo el brazo, la mano que está en el control direccional repercute en la posición, un movimiento de cinco centímetros mío es un montón para el helicóptero. Yo respiré hondo y solté el cuerpo. Traté de quitarle estrés al cuerpo, y eso lo hice muchas veces, eso me ayudó a mejorar el control. A partir de la segunda extracción, cuando estábamos sacando a Toto y a Sonia, asistidos por el técnico Ruiz, empezó a llover.

Un aguacero torrencial se desató sobre ese paraje de la selva. Una gruesa pared de agua empezó a golpear el helicóptero, ante el terror de quienes lo veían maniobrar desde abajo.

—Habían estado en vuelo estático como por 25 minutos, cuando se desgaja el temporal, empieza a llover, empieza a ventear, la aeronave no puede estar estable, creo que el piloto tiene un entrenamiento muy berraco —recuerda el sargento jefe del grupo TAC 1—, y para completar don Rubio dice que no los podían sacar porque tenían que hacerles una limpieza.

—Dos minutos antes de eso pasó un nativo y nos dijo "El tabaco, ¿quién tiene tabaco?, esto se va a poner muy feo" —asegura un cabo de la misma unidad—, se fue hacia donde estaban los compañeros de él, se regresó y la lluvia encima.

—El monte empezó a responder porque nosotros les habíamos quitado a los cuatro menores —asegura Henry Guerrero Fumoraque, que presenciaba todo al lado de los niños—. Esa selva es fuerte. Un compañero de Putumayo se fue hacia arriba y se encontró con dos tigres mariposos disputándose una carne de cerrillo, que es una jabalí de collar blanco. ¿Por qué no se comieron a los niños? Porque hubo un trabajo espiritual, o la menor hubiera muerto en 15 días.

Dentro del helicóptero también se vivía una considerable tensión. Aún faltaba izar a Loly, la niña mayor y la guía de sus hermanos durante esos 40 días. El mayor Novoa trataba de oponer la fuerza del motor a los golpes del agua y del viento, con la esperanza de terminar su misión.

—Los muchachos me dicen "no se mueva a la izquierda, no se mueva a la derecha", una orden totalmente contradictoria, y en ese momento empiezo a escuchar como cuando las crispetas de maíz empiezan a reventar, y digo "¿Será que les estoy pegando a los árboles?" —recuerda con algo de terror el piloto del ángel—. Miro las palas y no, todavía estoy lejos, y le pregunto a la tripulación "¿Les estamos pegando a los árboles?". Y me dicen "No, es solo el aguacero, mi mayor".

Las bengalas que arrojaba el avión fantasma para aumentar la escasa visibilidad no funcionaban. Los oscuros nubarrones de la tormenta absorbían las luces. El mayor trataba de orientarse usando solamente la iluminación de aterrizaje y por un momento se debatió en una terrible duda: ¿debía llevar a los tres niños que ya tenía e intentar volver después por Loly? ¿O debía insistir y sacarlos a todos en un solo viaje?

—Mi mayor, hágale, que ya vamos a acabar —se oyó la voz de uno de los suboficiales.

La cuarta extracción, la de Loly, fue la más difícil de todas.

—Uno de los rescatistas me informó que había movimiento de péndulo en el cable de la grúa, y el técnico lo único que pensó fue en proteger a la niña que estaba subiendo, y él sin ver, estaba oscuro totalmente —afirma el mayor Novoa—. La silla de la grúa empezó a moverse y a pegarse con las ramas, fue entonces cuando la experiencia del TER hizo la diferencia. Cogió el cable con fuerza y lo estabilizó. Con sus manos nos salvó a todos. Con una estabilizó el cable y con la otra operó el control de la grúa que regula la velocidad de subida y bajada de esa guaya. Cuando la niña pisó el interior del helicóptero, la lluvia amainó unos pocos segundos. El mejor sonido que pude oír fue el de la puerta cerrándose. Fue indescriptible. En ese momento me dije que ya habíamos rescatado a los niños.

—Apenas se fue el helicóptero la lluvia se acabó —asegura el cabo de origen indígena que hacía parte del grupo TAC 1 de las Fuerzas Especiales.

—Cuando salieron los menores, los indígenas nos cuentan que se despejó totalmente el cielo —ratifica el general Pedro Sánchez—. Los indígenas nos dijeron que teníamos que sacarlos a todos, incluyendo al papá, llevarlos a La Hache y ahí hacer un ritual espiritual, y dije "Uy, Dios mío. La prioridad es la vida de ellos". Entonces choca esa parte espiritual de ellos con la urgencia occidental, de que hay que sacarlos ya, entonces pregunté: "¿Cómo están los niños?" y me respondieron "Están estables, mi general". Pregunté si podían aguantar, y me dijeron que sí.

Los primeros diez minutos del vuelo hacia Calamar, Guaviare, fueron dentro de una negra nube que parecía moverse con ellos y envolver al helicóptero. Los instrumentos indicaban que los árboles estaban cerca, a menos de seis metros en algunos momentos. Los militares aseguran que cuando terminó ese trayecto y salieron del área de Chiribiquete, el aguacero paró y vieron sonreír, por primera vez, a los tres niños y a la bebé. El cielo se despejó. Cuando el ángel aterrizó, al mayor Novoa le preguntaron si había cumplido con el ritual.

—Ellos tenían que hacer un ritual y pretendían que yo lo hiciera en el área, que apenas yo recogiera a los niños aterrizara en una zona que ellos tenían para que les hicieran el permiso de la madre naturaleza y los dejara salir.

La respuesta del mayor Novoa no pudo ser más franca:

—Me da vergüenza con ustedes pero mi misión no es cumplir un ritual. Mis órdenes consisten en sacar a los niños de acá. No me iba a alcanzar el combustible para quedarme todo el tiempo allá.

Nadie pudo reprocharle su decisión.

—Ya cuando llegamos al batallón en San José, llegan los mayores indígenas y dijeron que tocaba hacerles el ritual.

Cuenta que les dijo con respeto:

—Yo soy solamente un taxi, díganme qué tengo que hacer y lo hago.

En ese momento aparecieron dos mayores indígenas a efectuar una ceremonia de purificación.

—Yo me alejé con mi tripulación, nos hicimos a un lado porque nunca se bajaron del helicóptero, lo hicieron dentro del helicóptero.

Los niños fueron trasladados al avión adaptado como hospital y partieron hacia Bogotá.

EPÍLOGO

Los cuatro niños estaban en estado avanzado de desnutrición, presentaban múltiples picaduras de insectos, los tres grandes tenían hematomas como resultado de los golpes que sufrieron durante la caída del pequeño avión, además, tenían escoriaciones en los brazos y piernas por cuenta del terreno difícil que caminaron durante cuarenta días. Loly, la mayor, tenía además señas de golpes anteriores al accidente y los dientes inexplicablemente negros.

Arsenio Revoque llevó en brazos a Antonia en el avión hospital que los condujo a Bogotá. Los pediatras recomendaron inicialmente hidratar y alimentar a los niños por vía intravenosa. Toto volvió a pedir fariña y uno de los indígenas le dio una cucharadita con permiso de los médicos.

Cuando aterrizaron en Bogotá los llevaron en ambulancias hasta el Hospital Militar Central, uno de los mejores centros médicos de Colombia. Allí separaron durante unas horas a la bebé de sus hermanos porque su caso era el que más cuidado exigía. Estaban en el piso pediátrico y cada vez que Tien oía el llanto de un bebé se angustiaba porque creía que era su hermanita.

Cuando llegaron los abuelos maternos, Rogelio Muyui y Faustina Plasencia, los niños por primera vez hablaron largamente del accidente en el que había muerto su mamá.

—Cuando cayó la avioneta ellos miraron que la mamá, el piloto y mi primo Herman murieron de manera instantánea —narró el abuelo Rogelio—, Loly se sostuvo de la banca de la avioneta para no matarse. Ella siempre alcanzó a golpearse. Miró que la mamá ya estaba muerta pero vio moverse la patica de la hermanita. Ella haló y la sacó. Abrió la maleta de la mamá, sacó ropa, rompió y les envolvió donde les dolía.

—Ellos llevaban fariña cuando se cayó la avioneta —complementa la abuela Faustina—, también una lamparita, un toldillo, una hamaca y un pedazo de colchoncito.

—Y llevaba mi primo, el finadito, tres libras de fariña, polvo de yuca brava —cuenta Rogelio—. Se quedaron cuatro días alrededor de la avioneta para ver si alguien venía a recogerlos. Como no llegó nadie, cogieron trocha para el monte.

—A la niña le dieron teterito, por poquitos hasta cuando alcanzó —relata la abuela—. Después que ellos perdieron el tetero, hacían una copita con una hoja y le daban a la niña solo agua.

—Agua, pura agua —afirma Rogelio— y la niñita mantenía churrienta porque no le cuajaba nada. Era pura agua.

—Le pregunté a Loly "¿Y usted cómo dormía?" —la abuela cuenta que le contestó—: "Aquí en mi pecho, yo la hacía dormir a la bebé, pero del hambre yo no podía dormir, abuela. Abuelita, yo no sé cómo nos salvamos". La verdad, yo tampoco entiendo.

—Lloraban de hambre, de cansancio, de frío, pero miedo no tenían —relata Rogelio—, cuando llovía cogían ramitas, hoja ancha y escampaban debajo de eso.

—Loly me dijo que le tocaba cortar la palma con los dientes —asegura la abuela—, por eso se le mancharon, se le volvieron negros, pero todo eso se lo van a lavar.

—Buscaban una quebrada, un camino, un río grande —cuenta el abuelo que le dijeron—, pero esa es una selva virgen. Ahí no se ve chagra, ni casa, ni nada. Veían visiones, luces, pero no se acuerdan de duende.

—Nunca vieron gente, ni hablan de duende —narra Faustina—, solo danta, mico, mataron una culebra talla X que casi muerde al niño. No comieron animal porque dónde iban a cocinar. Solo pepitas, frutas de selva.

—Pero no miraron tigre, ni oso —asegura el abuelo—, la selva fue buena con ellos. Desde los cinco años, les enseñamos cuáles son las frutas venenosas, las amargas y las que sí se pueden comer. Comían semilla de milpesos.

—Loly subía a una palma y comía, y en las mejillas hacía madurar la semilla del milpesillo, que es la pepa más pequeña, ella la ablandaba y luego se la daba a los hermanitos —cuenta la abuela—. Encontraron un kit, de esos que botaban desde los helicópteros. Comieron algo pero ellos estaban buscando fariña.

—Cuando sonaban los helicópteros, ellos se metían debajo de una palizada, debajo de un palo grande, por el miedo

—dice Rogelio—. Cuando los buscaba el Ejército, Loly cuenta que se quedaba quieta y le tapaba la boca a la chiquita para que no llorara, para que no hiciera bulla.

—Yo les pregunté si habían oído el mensaje que yo les mandé en español y en el idioma que pasaban desde los helicópteros —dice la abuela— y Loly me dijo que sí lo oían pero que se escondían por miedo.

—Porque pensaban que si los encontraban les iban a dar juete por esconderse —explica el abuelo—, por eso ellos no contestaban. Porque así, tal vez, vivían con el papá y la mamá.

—La niña dice que la mamá fue muy dura con ella y que a ese negro —la abuela se refiere al padrastro—, no lo quiere volver a ver.

—Piensan que doña Faustina es la reina del mundo, la mujer perfecta —dice Arsenio Revoque—. Yo de verdad no soy perfecto, tengo mis debilidades, pero mis hijos son mis hijos, pasarán por encima de mi cadáver si me quieren quitar a mis hijos. Faustina tiene unos nietos preferidos, ahora porque está por esto ahora sí dice que mis nietos, pero por la plata.

—Los niños me abrazaron, me dijeron "Papá, papá, ya nos vamos" —asegura el abuelo Rogelio—. Yo les dije "No, hijos, los médicos los deben mirar porque ustedes estuvieron mucho tiempo en el monte. Van a quedar en manos del Bienestar Familiar. Después de eso vamos a llegar a un acuerdo para que nos los entreguen".

Al día siguiente los niños recibieron en el hospital la visita del presidente de Colombia, Gustavo Petro, su esposa y su hija menor, que tiene quince años, dos más que Loly. Los abuelos saludaron con entusiasmo la visita pero los niños se volvieron a hundir en el mutismo.

—Se veían muy impactados, silenciosos. Venían de una soledad inmensa en la selva y de pronto estaban rodeados de gente —cuenta el presidente Petro—. Sonia, la segunda niña, era la más animada, la que más jugaba. La más grandecita, Loly estaba en un silencio que yo pude sentir y saber a qué se debía. No podía hablarlo porque no era el momento. Pero yo tenía más o menos la idea por lo que me había dicho por teléfono el tío abuelo, intuía lo que había pasado antes. Era una historia, como tantas en Colombia.

Esa misma mañana, desde el Hospital Militar, el general Pedro Sánchez le entregó declaraciones al programa *Today* de la cadena televisiva *NBC*. El niño de Boavita, Boyacá, que tres décadas antes había luchado tanto por aprender inglés en unas memofichas, se expresó de manera clara y elocuente en un fluido inglés ante las cámaras del matutino más visto de Estados Unidos. Cuando terminó de explicar la situación de los pequeños sobrevivientes le preguntaron por Wilson.

—Wilson es un comando de las Fuerzas Especiales —respondió el general—, nunca dejamos un comando atrás. Lo seguiremos buscando.

Los abuelos entregaron versiones encontradas sobre el tema.

—Ellos dicen que el perrito Wilson andaba unos días con ellos pero después se desapareció —asegura el abuelo Rogelio Muyui—, se iba y regresaba y otra vez se iba. Pero ya después no volvió.

—No, ellos no miraron nunca al perro —contradice la abuela—, no lo vieron.

Sobre este punto aún no hay una versión definitiva pero Loly le entregó al comandante de las Fuerzas Militares, general Helder Giraldo, un dibujo que muestra árboles de diferentes colores, un río caudaloso y la imagen de un perro marcado con el nombre de "Wilson" escrito con su caligrafía de niña. El dibujo era la primera manifestación directa de los rescatados y además la única señal clara de que ellos quizás se habían encontrado con el animal.

—Yo me quedé aproximadamente 20 días más en la selva, después de encontrar a los niños —cuenta el soldado Christian David Lara, compañero de equipo de Wilson—, sentía tristeza, pero a la vez tenía la fe intacta de que iba a encontrar a Wilson, a pesar de que nos enfrentábamos a una selva muy pesada con muchas cosas, animales y espíritus.

—Vamos a traer a Wilson, esa es la nueva misión —les dijo a sus hombres el general Pedro Sánchez y luego explicó—, Wilson se perdió el 18 de mayo, antes de encontrar a los menores, y desde ese momento se inició la búsqueda, hubo inclusive tres encuentros con él, con la tropa, pero Wilson reaccionaba muy rápido. El perrito se perdía, se iba inmediatamente.

—Tratando de localizar a mi compañero, le dejamos bastante comida en el camino —cuenta el soldado Lara—, le dejé unas prendas mías como referencia para que él lograra coger rastro y llegar a nosotros.

—Los entrenadores sostienen que un canino vuelve generalmente al último sitio donde estuvo con su guía —afirma el general—, ordené que cocinaran lo más atractivo en olores para ver si el olfato lo llevaba: sancocho, salchichón.

—De igual manera se llevaron unas perritas en celo para ver si de pronto Wilson lograba olfatearlas y llegaba a nosotros —asegura Lara.

—Es diferente encontrar a unas personas, que a un canino que apenas mide 60 centímetros. Cuando uno camina allá en la selva a cinco metros ya no ve absolutamente nada —relata el general Sánchez—. Hay decenas de peligros para Wilson como tigres, jaguares, serpientes venenosas. En fin, la lluvia hace más difícil el rastreo, las tormentas lo ahuyentan, etcétera.

—De pronto lo picó algún animal, de pronto algún espíritu lo poseyó, no sé —afirma un desconsolado soldado Lara—. Nunca encontré rastros de Wilson.

Mientras los hombres de las Fuerzas Especiales continuaban la búsqueda de Wilson, al otro lado de esa selva encontraron un perro de color y tamaño parecidos. Tenía el cuerpo dorado y la cara negra como el pastor belga *malinois,* pero estaba tan flaco y lleno de garrapatas que era difícil establecer su raza. Además, había sido ubicado casi a 400 kilómetros del lugar donde Wilson fue visto por última vez. Una distancia inimaginable en terreno selvático. En sus 40 días de camino, los niños apenas se habían alejado 22 kilómetros de los restos de la avioneta, era muy improbable que el perro hubiera podido efectuar un recorrido casi 20 veces mayor.

—Las coordenadas estaban ubicadas a 385 kilómetros del lugar del accidente —explica el general Sánchez—, era imposible que fuera Wilson. Tendría que haber cruzado varios ríos, entre esos el Caquetá, que tiene 500 metros de ancho. El perrito está entrenado en piscinas y puede cruzar un caudal con su guía o seguir el borde del río pero nunca lo atravesaría solo.

—Yo alcancé a tener la ilusión de que fuera Wilson —relata el soldado Lara—, estaba lejos, pero me quería aferrar a la esperanza. El perrito que encontraron en el Caquetá no tenía tres colmillos astillados y una cicatriz en el estómago, que eran las señales particulares de Wilson. A esa misión me entregué de corazón con mi compañero, mi gran amigo.

En algún momento alguien no identificado aseguró que los espíritus de la selva habían tomado la vida de Wilson a cambio de liberar a los niños. El mayor Rubio desmintió esa versión.

—El perro Wilson lo miré dos veces, pero no donde están los niños. Vea, el perro vio una perra de monte en calor, salió corriendo por aquí y los niños estaban acá, el perro anda solo, se fue detrás de la perra de monte. El perro está vivo, está gordo. Anda con la perra.

Rubio, quien semanas después de su referido enfrentamiento con el duende seguía afónico y atemorizado, aseguró que Wilson puede salir de la selva solo pero que tristemente él no puede ayudarlo después de la advertencia del espíritu. Teme que las consecuencias de las que habló el duende sean sobre la vida de su nieto, un bebé de meses a quien él aspira a convertir en el heredero de sus conocimientos. El sueño del yagé le indicó claramente que todos los indígenas deberían dejar ese trozo de selva una vez los niños salieran. La medicina había hecho su parte y no le debían pedir más.

El presidente Gustavo Petro dice que no los sorprendió que el yagé hubiera sido el elemento clave para dar con la ubicación de los niños después de decenas de intentos fallidos. Unos meses después del rescate, sentado bajo un árbol del jardín de su casa familiar, en Chía, relató que en su juventud había bebido dos veces yagé, bajo la guía de chamanes indígenas, en el cerro sagrado de Quininí, cerca de Fusagasugá.

—La primera vez vi una princesa indígena bajar, muy hermosa. Y después yo me iba volviendo raíces subiendo a la montaña, luego desapareció la imagen. Entonces le dije al mamo, al chamán "¿Y eso qué significa?". Él respondió "No, pues usted es como un espíritu que está cuidando la naturaleza" —asegura que así entendió la importancia del medio ambiente, años antes de que fuera una preocupación extendida universalmente.

La segunda vez fue menos placentera, según contó el mandatario.

—Sentí un estallido. Vi una gran luz y después se apagó todo. Y entonces volví a preguntar por el significado. Ellos cantaban, mientras tanto. Y entonces me dijo "Es un atentado. Y ya". Yo corté eso porque ya no me gustó —el presidente Gustavo Petro está convencido de que una luz como esa será lo último que verá en su vida.

El general Pedro Sánchez y su esposa, la médica Carmen Alicia Mera, han ido varias veces a visitar a los niños. Descubrieron que les encanta la torta de chocolate. Por esos días se estrenaba la película *Barbie* y pensaron que sería una buena idea llevarle una muñeca a Sonia, la niña de nueve años. A la niña le encantó, su hermana Loly, de trece años, también quedó fascinada pero no se atrevió a pedirla por timidez y quizás porque la vida la ha obligado desde muy temprano a portarse como adulta.

El general y su esposa se cruzaron una mirada cuando adivinaron lo que estaba pasando por la cabeza de Loly, no necesitaron pronunciar una palabra. Volvieron al rato con otra Barbie para ella. La niña, tan poco dada a exteriorizar emociones, sonrió ampliamente con sus ya blanquísimos dientes y dejó caer algunas lágrimas de alegría por el regalo.

Los pequeños sobrevivientes pasaron seis semanas en el Hospital Militar Central después de su rescate. Salieron restablecidos y llenos de alegría. Disfrutan por igual los juguetes tradicionales de los huitotos y las muñecas y carritos que les regalaron mientras estuvieron allí, un perro de peluche parecido a Wilson es el favorito de Toto. El ICBF los confió al cuidado de un grupo mixto de madres sustitutas indígenas y blancas. La decisión sobre el familiar escogido para cuidarlos tomará unos meses más.

—Yo necesito que me den la custodia de mis nietos, en este momento soy la madre de ellos, ya mi hija descansó, ahora recupero mis cuatro nietos —dice Faustina Plasencia.

Arsenio Revoque fue arrestado el 12 de agosto de 2023 por orden de la Fiscalía General de la Nación. Lo acusan de haber cometido actos sexuales abusivos con menor de catorce años, de manera repetida desde el 2020. Él negó los cargos, pero un juez considera que existen pruebas suficientes para enviarlo a la Cárcel Nacional La Picota mientras es llevado a juicio.

EPÍLOGO

De Wilson, el perro rastreador, nunca se volvió a saber nada. Como concluye la centenaria novela *La vorágine* de José Eustasio Rivera: lo devoró la selva.

AGRADECIMIENTOS

Este libro lo escribí en un momento especialmente crítico de mi vida. Las más terribles noticias se juntaron con algunas esperanzadoras. Muchas de estas páginas me fueron surgiendo entre lágrimas por temas que no tenían que ver con el relato pero de los cuales no me podía —ni me puedo— apartar. Quizás algún día pueda escribir la historia de estos meses adversos y a la vez estimulantes en los que me sumí en la angustia, encontré caminos, perdí la cuarta parte de mi peso y volví a un antiguo y amado trabajo.

Debo especial gratitud a mis colegas Ignacio Gómez y Carlos Cárdenas, quienes adelantaron la investigación para estas quince crónicas que a la vez hacen parte de una más grande.

Ignacio se sumergió en el registro nacional aeronáutico para encontrar detalles reveladores que explican en buena medida la causa del accidente que está en el origen de esta aventura. También resultó instrumental escuchar la experiencia suya y del gran camarógrafo Germán Palma en una serie de visitas a taitas del Amazonas que les hablaron del yagé, les permitieron probarlo y participar en sus ceremonias sagradas como parte de un trabajo documental que aún permanece inédito. Como suele suceder, la reportería lleva de un tema a otro y es probable que el asunto de los bonos de carbón y el de los posibles abusos de intermediarios sobre las comunidades amazónicas nutran nuevas publicaciones.

Carlos me puso en contacto con el mundo de las Fuerzas Especiales y las contradicciones que vivieron entre la ejecución de esta singular misión humanitaria y los parámetros de su entrenamiento militar. Los hombres mejor preparados para enfrentar la selva ahora debían firmar con ella un cotidiano tratado de paz e intentar una nueva forma de relacionarse con las comunidades indígenas. Gracias a Carlos pude enterarme desde las exigencias del adiestramiento de un perro rastreador hasta la complicada operación de vuelo estático en un helicóptero de rescate.

María del Rosario Laverde fue la primera lectora de estos escritos y me animó a emprenderlos cuando eran todavía un sueño del cual hablamos por primera vez en un restaurante mexicano de Coral Gables. Su increíble talento y sentido estético del texto actuaron como una brújula para no perdernos en la vorágine de unos hechos que seguían sucediendo mientras intentábamos contarlos.

Por último, y de manera muy cálida, quiero agradecer los consejos del maestro Daniel Samper Pizano, quien me ayudó a superar la devoción profesional por el detalle en función de ganar frescura para el relato general para que así los árboles no impidieran ver el bosque.

INSERTO
DE FOTOS

1. BÚSQUEDA

Mayo 15 de 2023. Indígenas colombianos encontraron la avioneta accidentada. Un soldado del Comando Conjunto de Operaciones Especiales (CCOES) tomó fotografías que de inmediato fueron enviadas al puesto de mando unificado en San José del Guaviare. © Comando General de las Fuerzas Militares.

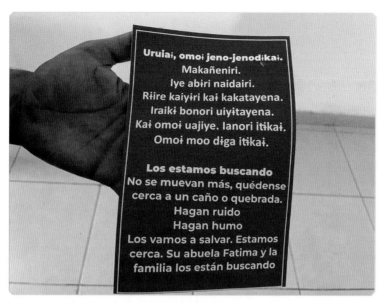

Volante elaborado por el Comando General de las Fuerzas Militares con mensaje en castellano y en la lengua nativa de los niños. © Comando General de las Fuerzas Militares.

Mayo 21 de 2023. Primera reunión oficial del general Pedro Sánchez, comandante del CCOES, con el segundo grupo de indígenas de Caquetá y Putumayo que se unió a la búsqueda. © Comando General de las Fuerzas Militares.

Mayo 20 de 2023. Reunión del Estado Mayor del CCOES en San José del Guaviare, con Astrid Cáceres, directora del Instituto Colombiano de Bienestar Familiar (ICBF); Sergio París, director de la Aeronáutica Civil; Giovani Yule, director de la Unidad de Restitución de Tierras; Patricia Tobón, directora de la Unidad de Víctimas, y líderes indígenas analizando la integración de tropas de las Fuerzas Militares con grupos indígenas para la búsqueda de los niños. © Comando General de las Fuerzas Militares.

Mayo 19 de 2023. General Pedro Sánchez, comandante del CCOES, analizando la estrategia de búsqueda de los niños con megáfonos que usarían solo hombres de las Fuerzas Especiales. © Comando General de las Fuerzas Militares.

Mayo 19 de 2023. En las instalaciones de la Brigada 22 del Ejército en San José del Guaviare, alistando los kits de supervivencia suministrados por el ICBF. © Comando General de las Fuerzas Militares.

Carta de referenciación de sitios donde las Fuerzas Militares consideraban que debían concentrarse las operaciones de búsqueda. Mapa instalado en el puesto de mando unificado en San José del Guaviare. © Comando General de las Fuerzas Militares.

Parte trasera de la avioneta. Imagen capturada con el teléfono celular de un soldado del CCOES. © Comando General de las Fuerzas Militares.

El primer impacto del accidente lo recibió la nariz o proa de la avioneta. Imagen suministrada por José Rubio Calderón. © Indígenas de Putumayo.

Mayo 22 de 2023.
Capitán Carlos Vargas,
oficial del Comando
General de las Fuerzas
Militares. Tropas
realizan registros tras el
hallazgo de la avioneta
accidentada. © Comando
General de las Fuerzas
Militares.

Babor o parte izquierda
de la avioneta
accidentada. Imagen
capturada por un soldado
del CCOES. © Comando
General de las Fuerzas
Militares.

Coronel Gustavo Narváez, comandante del regimiento de Fuerzas Especiales, registrando en *GPS* coordenadas del sitio del accidente. © Comando General de las Fuerzas Militares.

Capitán Carlos Vargas, oficial del Comando General de las Fuerzas Militares, acompañando a indígenas transportados desde Calamar, Guaviare, al sitio del accidente para hacer la limpieza espiritual. © Comando General de las Fuerzas Militares.

Mayo 22 de 2023. El capitán Carlos Vargas, oficial del Comando General de las Fuerzas Militares, le informa al padre de dos de los niños y padrastro de los otros dos que las Fuerzas Militares fortalecerían la búsqueda. © Comando General de las Fuerzas Militares.

Mayo 22 de 2023. En primer plano, el capitán Carlos Vargas, oficial del Comando General de las Fuerzas Militares, y atrás, comandos y el coronel Gustavo Narváez, comandante del regimiento de Fuerzas Especiales en comunicación con el CCOES. Están en el helipuerto construido por soldados a 4,5 kilómetros del sitio del accidente. © Comando General de las Fuerzas Militares.

Mayo 22 de 2023. Helicóptero de la Fuerza Aeroespacial Colombiana aterrizando en el helipuerto, llamado La Hache por los grupos de búsqueda. © Comando General de las Fuerzas Militares.

Mayo 22 de 2023. Cabina de helicóptero de la Fuerza Aeroespacial Colombiana aterrizando en La Hache. © Comando General de las Fuerzas Militares.

Mayo 18 de 2023. Gráfico comparativo del área de búsqueda. Terreno demarcado para la operación en la selva comparado con el área total de Bogotá. © Comando General de las Fuerzas Militares.

Los comandos de las Fuerzas Militares recorrieron un total de 2.656 kilómetros en medio de una selva virgen y agreste. © Comando General de las Fuerzas Militares.

Mayo 18 de 2023. Mapa del CCOES con ubicación de pistas halladas y posibles recorridos de los niños hasta ese día. © Comando General de las Fuerzas Militares.

Mayo 18 de 2023. Imagen de Henry Guerrero, líder indígena de Araracuara, Caquetá, coordinador en terreno de grupos de búsqueda, acompañado por un soldado de las Fuerzas Especiales. Comienzan las operaciones conjuntas. © Comando General de las Fuerzas Militares.

Coronel Gustavo Narváez, comandante del regimiento de Fuerzas Especiales, hablando con José Rubio Calderón, el líder espiritual de los indígenas durante la búsqueda, en el campamento del grupo que encontró a los niños, ubicado a 500 metros del sitio del accidente. © Comando General de las Fuerzas Militares.

Mayo 27 de 2023. La operación para encontrar a los cuatro menores en la inmensidad de la selva virgen en el sur de Colombia era como buscar "una pulga en una alfombra". © Comando General de las Fuerzas Militares.

Mayo 27 de 2023. Tripulación de la Fuerza Aeroespacial Colombiana haciendo perifoneo con audios de la abuela de los niños. © Comando General de las Fuerzas Militares.

Mayo 15 de 2023. El grupo de búsqueda encuentra un maracuyá consumido casi en su totalidad. © Comando General de las Fuerzas Militares.

Mayo 15 de 2023. Comandos encuentran parte del marco de un teléfono celular. © Comando General de las Fuerzas Militares.

Mayo 15 de 2023. Hombres del CCOES encuentran un tetero.
© Comando General de las Fuerzas Militares.

Mayo 17 de 2023. Tropas del CCOES encuentran un empaque de moñas o bandas elásticas. © Comando General de las Fuerzas Militares.

Mayo 16 de 2023.
Comandos encuentran
un refugio improvisado.
Los niños se cubrieron
con ramas y hojas.
© Comando General de
las Fuerzas Militares.

Mayo 16 de 2023.
Comandos encuentran
tijeras y moñas sobre
hojas en el refugio
improvisado. © Comando
General de las Fuerzas
Militares.

Mayo 16 de 2023. Wilson, el perro rescatista del Ejército, se ubica sobre las tijeras y las moñas. © Comando General de las Fuerzas Militares.

Mayo 17 de 2023. Soldados del CCOES encuentran una huella reportada como reciente. © Comando General de las Fuerzas Militares.

Mayo 24 de 2023. Un grupo de militares e indígenas encuentra un pañal. © Comando General de las Fuerzas Militares.

Mayo 24 de 2023. Hombres del CCOES encuentran la tapa del tetero. © Comando General de las Fuerzas Militares.

2. HÉROES DEL RESCATE

Los niños cubiertos con mantas térmicas. Un suboficial de las Fuerzas Especiales carga a la bebé Antonia Revoque Muyui, y Nicolás Ordóñez, guardia indígena del pueblo Murui de Leguízamo, Putumayo, sostiene al niño Toto Revoque Muyui. © Comando General de las Fuerzas Militares.

Niños atendidos con hidratantes en el campamento de los indígenas y militares que los encontraron. © Comando General de las Fuerzas Militares.

Comandos suministrándoles a los niños los últimos hidratantes antes de la evacuación. © Comando General de las Fuerzas Militares.

Indígenas y comandos alistando a los niños para la evacuación. © Comando General de las Fuerzas Militares.

Junio 10 de 2023. La bebé Antonia Revoque Muyui atendida por médicos de la Fuerza Aeroespacial Colombiana en el avión Casa C-295 que los llevó de San José del Guaviare al aeropuerto militar CATAM en Bogotá. © Fuerza Aeroespacial Colombiana.

Suboficiales de la Fuerza Aeroespacial Colombiana atendiendo en la cabina del avión Casa C-295 a Loly, la niña mayor. © Fuerza Aeroespacial Colombiana.

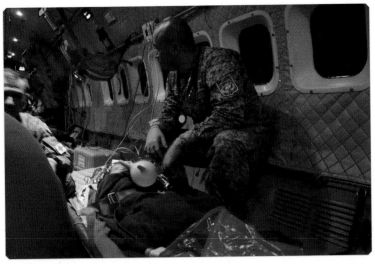

Un suboficial de la Fuerza Aeroespacial Colombiana asistiendo a la niña Sonia. © Fuerza Aeroespacial Colombiana.

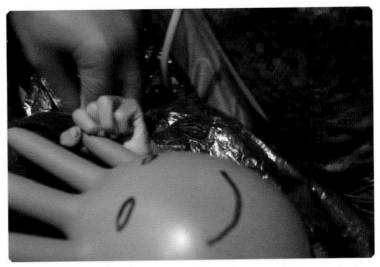

Sonia cubierta con una manta térmica durante el viaje de la Fuerza Aeroespacial Colombiana hacia Bogotá. © Fuerza Aeroespacial Colombiana.

General Pedro Sánchez, comandante del CCOES, habla con Loly, la niña mayor. © Fuerza Aeroespacial Colombiana.

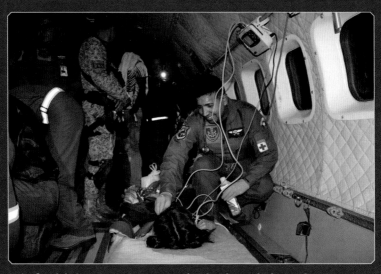

Suboficial de la Fuerza Aeroespacial Colombiana hidratando a Sonia y sonriéndole. © Fuerza Aeroespacial Colombiana.

Mayo 21 de 2023. El general Pedro Sánchez, comandante del CCOES, recibe a los indígenas del segundo grupo de búsqueda, procedentes de Caquetá y Putumayo. © Comando General de las Fuerzas Militares.

Mayo 21 de 2023. Batallón Joaquín París en San José del Guaviare. Primer encuentro de indígenas con militares. Se alistan para ser insertados en el área de búsqueda. © Comando General de las Fuerzas Militares.

Tripulación del helicóptero UH60 FAC 4108, conocido como helicóptero Ángel, que evacuó a los niños de la selva. © Fuerza Aeroespacial Colombiana.

En el helipuerto, hombres del CCOES, la directora del ICBF, el director de la Aeronáutica Civil, el director de la Unidad de Restitución de Tierras, la directora de la Unidad de Víctimas y líderes indígenas. © Comando General de las Fuerzas Militares.

Mayo 30 de 2023. Instalaciones de la Brigada 22 en San José del Guaviare. Soldado de las Fuerzas Especiales evacúa por enfermedad al perro de búsqueda Ulises. © Comando General de las Fuerzas Militares.

Agosto 3 de 2023. Soldado profesional Christian David Lara recordando a su compañero Wilson, mientras lo acompaña Walter, hermano del perro desaparecido. © Carlos Cárdenas.

Capitán y dos soldados las Fuerzas Especiales que conformaron
el primer grupo extraído de la zona después del rescate.
© Carlos Cárdenas.

Nicolás Ordóñez Flórez, guardia indígena del
pueblo Murui de Leguízamo, Putumayo, uno
de los hombres que encontraron a los niños,
participando en el desfile del Veinte de Julio
en Bogotá. © Comando General de las Fuerzas
Militares.

General Helder Fernán Giraldo, comandante de las Fuerzas Militares. © Comando General de las Fuerzas Militares.

Pilotos de la Fuerza Aeroespacial Colombiana llevan al área de búsqueda al indígena que se ofreció para hacer la limpieza espiritual de la zona. © Comando General de las Fuerzas Militares.

La historia de los niños del Amazonas es también la historia de un perro rastreador que ubicó las huellas de los sobrevivientes, pero no pudo hallar el rumbo para salir de la selva. © Soldado profesional Christian David Lara.

© Soldado profesional Christian David Lara.

© Soldado profesional
Christian David Lara.

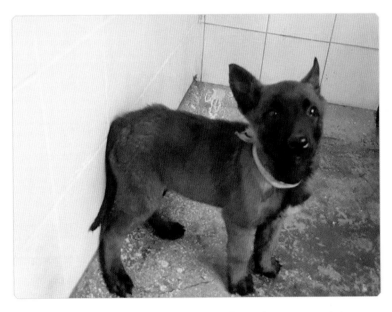

Uno de los grandes héroes de esta historia fue Wilson. En esta imagen
aparece cuando era cachorro en el Batallón de Ingenieros Militares
del Ejército, donde fue entrenado. © Batallón de Ingenieros Militares del
Ejército.